Andreas Geitl

Einfach bayerisch!

Meine besten Rezepte

rosenheimer

Inhaltsverzeichnis

Einfach bayerisch – heute

Wie heißt's doch so schön: „Nur was sich ändert, bleibt gleich." Nun, was bedeutet das für regionale Küche, für bayerische Küche? Für bayerische Gerichte? Um es vorwegzunehmen: viel!

Ganz selbstverständlich sitzen wir heute in einem Café und kommunizieren drahtlos binnen Sekunden mit Freunden und Geschäftspartnern rund um den Globus. Fortschritt ja oder auch nein? Wie auch immer – so ist es nun mal!
Genauso hat sich auch die regionale, bayerische Küche weiterentwickelt, ein Hauch Globalisierung ist nun mal in alle Lebensbereiche eingekehrt, auch in die Küche und die Erwartung an Essen von heute, auch an bayerisches Essen von heute.

Was hindert uns daran, dem Braten ein Stückerl Ingwer beizugeben, wo man doch weiß, dass Ingwer die Fettverstoffwechslung begünstigt und noch dazu gut schmeckt, ändert das den Braten in einen asiatischen? Meine Oma hätte sicher auch Ingwer verwendet, hätte sie ihn denn schon zur Verfügung gehabt.
Nehmen wir das bayerische „Urvieh", den Knödel, sollen wir ihn denn wirklich nur pur aus Semmeln oder Kartoffeln herstellen, weil das halt immer so war? Oder dürfen kreative Köche, Köchinnen, Hausfrauen und Kochbegeisterte sich an Variationen mit Nüssen, Kräutern, Schwammerl ... wagen. Ist das dann etwa kein Knödel mehr? Oder bloß kein bayerischer mehr?

Insbesondere der mediterrane Einfluss ist längst in unserer bayerischen Küche heimisch geworden, und zwar so unspektakulär und selbstverständlich, wie wir in diesen Ländern unseren Urlaub verbringen. Und er tut uns doch gut und vor allem wohl. Die viel und zu Recht beschriebene Deftigkeit der bayerischen Küche zu entschärfen, das hat doch sicher auch nicht geschadet! Griechischen Schafskäse oder Joghurt, spanische Oliven, italienische Nudeln, Basilikum, Rucola ... identifizieren wir doch sicher nicht mehr als fremdartige Lebensmittel?

Folglich finden sie sich in unserer Küche, in unseren Rezepten wieder. Sie sind sozusagen automatisch bajuwarisiert. Kein Mensch will die gewaltigen Anstrengungen unserer Großmütter (Väter haben damals kaum gekocht) am Herd auch nur im Geringsten schmälern. Wir würdigen und lieben die wunderbaren Gerichte, die sie aus wenigen und oft kargen Zutaten zauberten. Ohne dieses Fundament könnten wir heute keine so wunderbare, innovative, zeitgerechte bayerische Küche zelebrieren. Welcher Architekt bedient sich denn nicht neuer Materialien, so sie ihm denn zur Verfügung stehen? Und bitte: Warum sollte man dies nicht auch in der Küche tun?

Traditionelles im modernen Gewand – das sollte der Wegweiser für eine frische, gesunde und weltoffene bayerische Küche sein. Nur was sich ändert, bleibt gleich – und trotzdem: einfach bayerisch.

Ich freue mich, wenn Sie sich von meinen Rezepten ein bisserl inspirieren lassen!

Ihr Andreas Geitl

Blutwurst-Birnen-Strudel

Für den Strudelteig

220 g Mehl
125 ml lauwarmes Wasser
20 ml Öl
3 g Salz

Für die Füllung

3 festkochende Birnen, geschält,
entkernt und in Spalten geschnitten
1 EL Zucker
3 cl Birnenschnaps nach Belieben
4 frische Blutwürste
1 Ei
Salz und Pfeffer, Knoblauch,
Majoran
Etwas Butter zum Bepinseln

Für die Soße

100 g Sauerkraut, gekocht und
etwas zerkleinert
1 Zwiebel, fein gewürfelt
500 ml Bratengrundsoße
(siehe Rezept Seite 193) oder ein
gutes Fertigprodukt

1 Die Zutaten für den Strudel zu einem geschmeidigen Teig verarbeiten. Diesen in Klarsichtfolie wickeln und mindestens 40 Minuten an einem warmen Ort ruhen lassen.

2 Die Birnen mit Zucker, Birnenschnaps und einem Schuss Wasser bissfest dünsten. Den Ofen auf 200 °C vorheizen.

3 Die Blutwürste aus den Därmen drücken, mit einem Ei vermengen und mit etwas Pfeffer, Knoblauch und Majoran nachwürzen.

4 Den Strudelteig auf einem bemehlten Tuch ausziehen. Die Blutwurstmasse sowie die Birnenspalten darauf verteilen und anschließend zusammenrollen. Die Teigenden nach unten einschlagen und den Strudel auf ein gefettetes Backblech legen. Mit Butter bepinseln und in den Ofen schieben. Ca. 35 Minuten backen, anschließend 20 Minuten ruhen lassen.

5 Das Sauerkraut mit den Zwiebelwürfeln in Butter anschwitzen. Die Bratensoße aufgießen, kurz aufkochen und abschmecken. Den Strudel portionieren, die Soße auf Teller geben und darauf den lauwarmen Strudel anrichten.

Tipp

Eine nicht alltägliche Vorspeise, ein kleines Schmankerl für zwischendrin oder aber auch mit einem schönen Kartoffelbrei zum Sattessen. Ein Gericht für Fans – Blutwurstfans.

Flusskrebs mit Scampi-Rucksack

Für die Flusskrebse
4 große Flusskrebse à ca. 100 g
1 Schuss Essig
Kümmel
100 g Bouquet garni
(Gemüse-Kräuter-Bündel)

Für den Rucksackinhalt
150 g Lachsforellenfilet oder
Lachsfleisch
2 Eier
70 ml Sahne
Salz, Pfeffer, Chili
Etwas Zitronensaft
Etwas Pernod
1 EL frische, nicht zu fein
zerkleinerte Kräuter
200 g Scampi, geschält und in 0,5 cm
kleine Würfel geschnitten
500 g Blätterteig, in 12 cm große,
3 mm dicke Rechtecke geschnitten
Fett für das Backblech

1 Die Krebse in Wasser unter Zusatz von Essig, Kümmel sowie dem Bouquet garni 3 bis 4 Minuten sprudelnd kochen. Herausnehmen und in Eiswasser abschrecken. Die Krebsschwänze wegdrehen und das Fleisch ausbrechen. Die Därme entfernen und die leeren Krebskörper gründlich auswaschen und abtrocknen.

2 Das Lachsforellenfilet in der Küchenmaschine mit einem Ei, Sahne, Salz, Pfeffer, Zitronensaft, Chili und einem Schuss Pernod zu einer Farce verarbeiten. Zuletzt die Kräuter unterheben. Das gewürfelte Scampifleisch zusammen mit dem zerkleinerten Krebsfleisch und der Lachsforellenfarce vermengen und nochmals abschmecken.

3 Die Füllung auf die Blätterteig-Rechtecke verteilen, zusammenklappen und fest an die Krebsrücken drücken. Mit einem verquirlten Ei bestreichen und für 1 Stunde im Kühlschrank ruhen lassen. Die Krebse auf ein gefettetes Backblech setzen und den nicht teigigen Teil mit Alufolie abdecken (sonst geht durch die starke Hitze die rote Krebsfarbe verloren).

Im vorgeheizten Backofen 10 Minuten bei 220 °C und 10 Minuten bei 190 °C backen.

Tipp

Die „berucksackten" Krebse mit einem knackigen Salat und einer Joghurtsoße serviert – hmm … Bestreuen Sie den Teig vor dem Backen mit Gewürzen oder Mohn, Sesam, Leinsamen oder auch Sonnenblumenkernen.

Garnelen und Avocado auf Sauerkrautrisotto

Für den Risotto
200 g guten Risottoreis
2 Schalotten, fein gewürfelt
50 g Speck, fein gewürfelt
150 g Sauerkraut, gekocht,
grob gehackt
30 g Butter

Zum Würzen
1/2 TL Curry
Salz, Pfeffer, 1 Lorbeerblatt,
eine Prise Chili

Zum Auffüllen
500 ml Geflügelbrühe oder
Fischbrühe, erwärmt
250 ml Weißwein, erwärmt
100 ml Kokosmilch, erwärmt

Für die Garnelen
600 g Riesengarnelen, Größe 6/8er*
Salz, Pfeffer, Zitrone
2 Knoblauchzehen, in feine
Scheiben geschnitten
2 EL Pflanzenöl
2 Avocado, reif

Zuletzt
60 g Butter
30 g Parmesan

*Die Menge an Garnelen, die in der dafür üblichen Ver-
packungseinheit „Pound", also ca. 453 g, enthalten ist.

1 Schalottenwürfel in Butter glasig braten, Risottoreis zugeben und ebenfalls glasig braten. Curry zugeben und auch kurz mitbraten, Sauerkraut, Chili und Lorbeer zufügen, mit etwa der Hälfte der Flüssigkeiten auffüllen und salzen. Unter ständigem Rühren nach Bedarf die restlichen Flüssigkeiten nachgießen, bis alles aufgebraucht ist. (Ggf. kann sogar noch mehr Flüssigkeit erforderlich sein.) Zum Vollenden Butter und geriebenen Parmesan einrühren, abschmecken.

2 Garnelen waschen, schälen und ggf. Darm entfernen. Mit Zitronensaft beträufeln, salzen, pfeffern, in Öl bei guter Hitze durch-, aber nicht trocken braten. Kurz vor Ende der Garzeit die Knoblauchscheiben zugeben, leicht nachsalzen.

3 Avocado schälen, Stein entfernen und in Spalten schneiden, sofort mit Zitronensaft beträufeln, mit Salz, Pfeffer und Chiliflocken würzen.

4 Anrichten: Flüssig-cremigen Risotto auf einem vorgewärmten Teller anrichten, Avocado (nur Zimmertemperatur) und Garnelen darauf platzieren.

Tipp

Der Risotto muss sehr cremig bzw. dickflüssig sein, ohne dass der Reis verkocht ist. Er passt auch prima zu Geflügel und Schweinefleisch. Durch das ständige Rühren reibt sich die Stärke vom Reis ab, dadurch entsteht die Cremigkeit – dieser Aufwand lohnt sich. Übrigens: Risotto sollte man zu zweit kochen – Sie brauchen eine Rührhilfe.

Lachsforelle mit Traubensalat

Für die Lachsforellen

500 g Lachsforellenfilet ohne Haut und Gräten
125 ml Fischfond
100 ml Weißwein
1 Schalotte, fein gewürfelt
3 EL Zitronensaft

Für den Traubensalat

200 g kernlose Weintrauben, gewaschen, halbiert
3 cl Grappa
1 Spritzer Sherryessig
Salz, frisch gemahlener Pfeffer
100 ml Olivenöl
3 EL Sahne
1 EL frische Kräuter, grob zerkleinert
200 g Blattsalate der Saison

1 Lachsforellenfilet in etwa 60 g schwere Medaillons portionieren. Trauben mit Grappa marinieren.

2 Fischfond mit Weißwein und Schalottenwürfeln aufkochen. Lachsforellenmedaillons darin 4 bis 5 Minuten gar ziehen lassen. Herausnehmen und warm stellen.

3 Fischsud auf etwa 100 ml einkochen. Mit Zitronensaft, Sherryessig, Salz und Pfeffer abschmecken. Öl eingießen und mit dem Mixstab kräftig aufschlagen. Mit Sahne und Kräutern verfeinern.

4 Die Salate auf leicht vorgewärmte Teller verteilen. Fisch und Trauben darauf platzieren. Mit der Sahnevinaigrette übergießen.

Tipp

Den Fisch nicht zu lange garen, denn er zieht während des Warmhaltens noch nach. Das Gericht sollte lauwarm serviert werden. Selbstverständlich lässt sich der Traubensalat ebenso mit einem anderen feinen Fisch zubereiten.

Eine Vorspeise aus der Rubrik „Bayern light".

Lachsforelle ist nicht die korrekte, aber geläufige Bezeichnung. Richtig müsste man „rotfleischige Forelle" sagen. Die Fische ernähren sich wild überwiegend von kleinen Krebsen, in der Zucht wird mit Karotin angereichertes Futter verwendet.

Leichte Joghurt-Lachs-Terrine

2 Schalotten, geschält und fein geschnitten

250 ml trockener Weißwein

400 g Lachs, entgrätet, in 0,5 cm dicke Scheiben geschnitten

500 g Vollmilchjoghurt

100 g Crème fraîche

Salz und weißer Pfeffer

Saft von einer $1/2$ Zitrone

30 bis 40 g Gelatinepulver

80 g Lachskaviar

Klarsichtfolie

1 Die Schalotten in einem breiten Gefäß mit dem Weißwein andünsten. Die Lachsscheiben einlegen und nur ganz kurz angaren. Sofort vom Feuer ziehen, den Fisch vorsichtig herausnehmen und kalt stellen.

2 Joghurt und Crème fraîche glattrühren und mit Salz, Pfeffer und Zitronensaft würzen. Das Gelatinepulver in den erkalteten Weinsud einrühren, kurz aufkochen und durch ein Sieb passieren. Den heißen Weinsud (ca. 50 °C) schnell in die Joghurtcreme einrühren. Den Kaviar unterheben.

3 Eine entsprechende Terrinenform mit Klarsichtfolie auslegen. Die Joghurtcreme eingießen, bis der Boden der Form bedeckt ist. Darauf einen Teil der Lachsscheiben legen, dann wieder eine Schicht Joghurtcreme einfüllen. Abwechselnd fortfahren, bis alles aufgebraucht ist. Die Sülze mit Folie abdecken und zum Festwerden mindestens 6 Stunden (besser über Nacht) in den Kühlschrank stellen. Die Sülze mit einem elektrischen Messer aufschneiden.

Tipp

Dazu ein wenig Salat. Für Küchenanfänger nicht gleich beim ersten Probekochen zu empfehlen, da der Umgang mit Gelatine ein wenig Erfahrung und Übung verlangt. Sollte die Masse bereits während des Einfüllens zu Stocken beginnen, nochmal leicht erwärmen. Der Lachs soll wirklich nur ganz, ganz kurz gegart werden.

Sie werden sehen, der Auftritt hält, was der Titel verspricht!

„Münchner Herz" mit Knödel-Reherl-Salat

Für das „Münchner Herz"

1 Zwiebel

1 Lorbeerblatt

1 Nelke

1 Kalbsherz, sauber geputzt

1 Bouquet garni (Gemüse-Kräuter-Bündel)

Für den Knödel-Reherl-Salat

300 ml Honig-Weißbier-Vinaigrette (siehe Rezept Seite 185)

300 g frische Reherl (Pfifferlinge), geputzt und etwas zerkleinert

4 Semmelknödel à ca. 100 g (siehe Rezept Seite 168), gekocht

100 g Salatherzen nach Wahl

1 Die Zwiebel mit dem Lorbeerblatt und der Nelke spicken. Das Kalbsherz zusammen mit der gespickten Zwiebel sowie dem Bouquet garni in siedendem Wasser etwa 20 bis 35 Minuten rosa gar ziehen lassen.

2 Semmelknödel in Scheiben schneiden und mit 150 ml Honig-Weißbier-Vinaigrette marinieren. Die rohen Reherl leicht salzen und mit der restlichen Vinaigrette ebenfalls marinieren. Knödel und Reherl sollten mindestens 1 Stunde in der Marinade sein.

3 Anrichten: Das warme Kalbsherz in dünne Scheiben schneiden und leicht salzen. Mit den leicht erwärmten Reherln und den ebenfalls etwas temperierten Knödelscheiben auf den Salatherzen hübsch anrichten (siehe Foto).

Tipp

Kalbsherz, na ja, werden Sie sagen, was will er denn damit – mag ich nicht! Könnte ich verstehen, ist ja vielleicht wirklich nicht jedermanns Ding. Die Frage ist nur: warum nicht?

Wenn's gerade keine Reherl gibt, macht nix – geht auch ohne! Ein „Münchner Herz" ist da großzügig und flexibel.

Warmer Geflügelsalat mit gegrillten Früchten

Für das Geflügel
4 Maispoulardenbrüstchen mit
Haut à ca. 120 g
Curry, Salz, Pfeffer
2 EL Pflanzenöl

Für den Salat
100 g frische Blattsalate der Saison,
gewaschen und getrocknet, z.B.
Rucola, Kopfsalat, Frisee

Für das Dressing
1 Knoblauchzehe
2 Eigelb
30 g Ketchup
60 ml Multivitaminsaft
2 TL scharfer Senf
20 ml Holundersirup
30 ml Balsamicoessig, weiß
200 ml Pflanzenöl, neutral
Salz, Pfeffer

Für die Früchte
1/2 frische Ananas
4 Aprikosen
1/2 Melone

Zum Grillen der Früchte
5 Thymianzweige
1/2 TL Chiliflocken
Pfeffer aus der Mühle
30 ml Pflanzenöl
Fleur de Sel

1 Maispoulardenbrüste würzen mit Salz, Pfeffer und Curry auf der Hautseite in Öl bei mittlerer Hitze anbraten und im Ofen bei 100 bis 120 °C langsam gar ziehen lassen, ca. 15 bis 20 Minuten.

2 Dressing: Alle Zutaten zu einer würzigen, spritzigen, säurebetonten, cremigen Marinade mixen. Bei Bedarf etwas verdünnen.

3 Gegrillte Früchte: Ananas schälen, Strunk entfernen und in Stücke schneiden, Aprikosen halbieren und Kern entfernen, Melone schälen, Kerne entfernen und in Stücke schneiden. Eine Grillpfanne (falls vorhanden, sonst eine herkömmliche) mit Öl bepinseln. Früchte mit Chili und Thymian würzen und etwa 3 bis 4 Minuten grillen.

4 Fertigstellen und anrichten: Salate hübsch anrichten, Früchte darüber verteilen. Maispoulardenbrust jeweils in 4 bis 5 Scheiben schneiden und ebenfalls über die Salate verteilen. Das Ganze mit Marinade überziehen und mit frischem Pfeffer aus der Mühle und Fleur de Sel vollenden.

Tipp

Eine Komposition, die Sie vielleicht auch mal in Ihren sommerlichen Grillplan einbauen könnten – wenn Fleisch auch mal ein bisserl fruchtig sein darf. Das Dressing sollten Sie aber in jedem Fall in Ihr Salatrezeptarchiv übernehmen – versprochen?

Die Früchte können Sie variieren.

Rehrücken mit Schwammerlsülze

Für den Rehrücken

300 g Rehrückenfleisch, parürt
(ohne Sehnen)
Salz, frisch gemahlener Pfeffer
30 ml Pflanzenöl
Klarsichtfolie

Für die Schwammerlsülze

500 g gemischte Schwammerl
(Steinpilze, Pfifferlinge, Champignons etc.), geputzt und etwas
zerkleinert
500 ml Rinderkraftbrühe
(siehe Rezept Seite 190)
25 bis 30 g Gelatine
Sherryessig nach Geschmack
150 g Gemüsewürfel (Sellerie,
Lauch, Karotten), blanchiert
2 EL Petersilie, fein geschnitten
1 kleine Zwiebel, fein gewürfelt
1 bis 2 Knoblauchzehen,
fein gewürfelt

1 Schwammerl zusammen mit der Zwiebel und dem Knoblauch in heißem Olivenöl kurz, aber scharf anbraten, salzen und pfeffern. In ein Sieb geben und auskühlen lassen.

2 Eine Kastenform mit der Folie auslegen. Die Brühe erhitzen und die Gelatine darin auflösen. Sehr kräftig abschmecken mit Salz, Pfeffer und Sherryessig. Abkühlen lassen.

3 Schwammerl, Gemüsewürfel und Petersilie in die Form füllen. Mit dem fast stockenden Gelee auffüllen und zugedeckt für mindestens 6 Stunden, besser über Nacht in den Kühlschrank stellen. Das Rehrückenfleisch mit Salz und Pfeffer würzen und in Öl von allen Seiten anbraten. Im Ofen bei ca. 120 °C rosa gar ziehen lassen. Das dauert 5 bis 8 Minuten.

4 Schwammerlsülze aus der Form stürzen und vorsichtig in Scheiben schneiden. Zusammen mit dem lauwarmen in Scheiben geschnittenen Rehrücken servieren.

Tipp

Auf dem Foto sehen Sie das Schmankerl mit einem Salat aus jungem Blaukraut, Nüssen, Pfifferlingen und Brombeeren. Sülzen und Terrinen schneiden Sie am besten mit einem elektrischen Messer. Das gelingt am sichersten.

Dies ist ein Gericht, bei dem Sie, verehrte kochende Kollegin, verehrter kochender Kollege, viel Applaus ernten können – und so viel Aufwand, wie es vielleicht im ersten Moment erscheint, ist es nicht.

„Scharfe Saupolsterl"

500 g Schweinenetz (beim Metzger vorbestellen)

400 g Schweineschulter, grob gewürfelt und gut gekühlt

100 g grüner Speck, grob gewürfelt und gut gekühlt

150 g Sahne

1 kleine Zwiebel, fein gewürfelt

1 bis 2 Knoblauchzehen, fein gewürfelt

2 Eier

Salz und Pfeffer aus der Mühle

1 bis 2 Chilischoten

2 cm Ingwer, fein gewürfelt

50 g Butterschmalz

1 Vorbereiten: Zwiebel- und Knoblauchwürfel in Butterschmalz glasig braten. Das Schweinenetz mindestens 1 Stunde in kaltes Wasser legen. Schweinfleisch salzen, dann bindet es besser.

2 Schweinefleisch und Speck zweimal durch die 2-mm-Scheibe des Fleischwolfs drehen. Mit einem Holzlöffel die Sahne, die Zwiebel-Knoblauch-Würfel und die Eier unter den Fleischteig rühren. Mit Salz, Pfeffer, fein geschnittenem Chili und Ingwer je nach „Schärfegusto" abschmecken.

3 Das gut gewässerte Schweinenetz auf einem Tuch ausbreiten und in ca. 20 cm große Quadrate schneiden. In jedes Netzstück etwa 60 g Fleischteig einschlagen.

Die Saupolsterl in wenig Butterschmalz langsam braten.

Tipp

Auf unserem Foto sieht man die Saupolsterl zusammen mit „Grünwalder Ritterzipfe" (siehe Rezept Seite 156) in einer Pfanne gebraten. Das frische Bier dazu kann man leider nicht sehen.

Trauen Sie sich ruhig die Saupolsterl nach Ihren Vorstellungen und Vorlieben zu würzen. Ich steh halt auf Schärfe.

Tomaten-Orangen-Nudeln

Für die Nudeln
500 g Nudeln nach Wahl
3 EL Olivenöl
1 Gemüsezwiebel, klein gewürfelt
100 g Speck, klein gewürfelt

Zum Auffüllen
250 ml Orangensaft
1 kg geschälte Tomaten aus
der Dose

Zum Würzen
⸍ Orangenabrieb (von ungespritzter
Orange)
Salz, Pfeffer, Zucker
50 ml Grand Marnier
Chili, gemahlen oder frisch, je nach
Geschmack
3 EL Ketchup

Zum Verfeinern
60 g Butter
1 Bund Rucola
4 Orangen für Filets
50 g Parmesan

1 Vorbereiten: Orangen filetieren, Saft auffangen und für die Soße verwenden. Rucola waschen und etwas zerkleinern.

2 Nudeln in reichlich Wasser etwa 2 Minuten weniger kochen als „al dente". Man rechnet etwa 1 l Wasser für 100 g Nudeln. Nudeln abschütten und bis zur weiteren Verarbeitung flach auf einer Platte bereithalten. Nicht mit kaltem Wasser abschrecken.

3 Tomaten-Orangen-Soße: Speck- und Zwiebelwürfel in Olivenöl anbraten, mit Orangensaft ablöschen und auffüllen mit den geschälten Dosentomaten. Das Ganze nun auf die gewünschte Konsistenz einkochen. Pikant würzen mit Salz, Pfeffer, ordentlich Chili, Orangenabrieb und Grand Marnier sowie etwas Ketchup und ein wenig Zucker zum Abrunden, anschließend mit Butter verfeinern.

4 Fertigstellen und anrichten: Die Nudeln in die Soße einschwenken und nochmals nachschmecken. Rucola und Orangenfilets zugeben und sofort anrichten. Auf Wunsch noch Parmesan darüberhobeln.

Tipp

Vegetarier lassen einfach den Speck weg und nehmen einige getrocknete Schwammerl, das bringt auch Aroma und Power. Der Orangengeschmack kommt vorwiegend von der Schale, vielleicht brauchen Sie davon sogar etwas mehr als empfohlen.

Schwarzer und weißer Presssack von Edelfischen

400 g Edelfischfilets (z.B. Seezunge, Lachs, Zander, Steinbutt,
Waller), gesäubert

1 l Fischfond (siehe Rezept Seite 189),
selbst gemacht oder ein gutes
Fertigprodukt

60 g Schalotten, fein gewürfelt

250 ml Weißwein

Weißer Balsamicoessig nach
Geschmack

Zitronensaft

20 bis 25 g Gelatinepulver

Tinte vom Tintenfisch

100 g Forellenfilets, geräuchert

100 g Aalfilet, geräuchert

100 g gekochte Crevetten

100 g Gemüsewürfel (Lauch,
Sellerie, Karotte), blanchiert

1 Die Edelfischfilets einige Minuten im Fischfond pochieren. Aus dem Fond nehmen und kalt stellen. Die Schalottenwürfel in Weißwein so lange köcheln, bis die Flüssigkeit verdampft ist.

2 Den Fischfond auf 500 ml einkochen, danach mit Essig und Zitronensaft kräftig abschmecken. Er darf leicht überwürzt sein, denn im kalten Zustand lässt die Intensität nach.

3 Die Gelatine beigeben und die Hälfte des Gelees mit Tinte färben, bis der gewünschte Farbton erreicht ist. Durch ein Sieb passieren. Die pochierten Fischfilets zusammen mit den Räucher-fischen, Garnelen, Gemüse- und Schalottenwürfeln in zwei passende Terrinenformen schichten.

4 Eine Terrine mit schwarzem und die andere mit weißem, fast schon stockendem Gelee aufgießen. Abdecken und mindestens 6 Stunden, besser über Nacht, kalt stellen.

Tipp

Je eine Scheibe weißen und schwarzen Presssack auf einem Teller anrichten und mit einer kleinen Salatvariation servieren.

Schwarzer und weißer Presssack ist in Bayern ja nicht gerade unbekannt, diese Variation wahrscheinlich schon – noch!

Spargel à l'orange

Für den Spargel

1 kg frischer Spargel, geschält und um ca. 3 cm gekürzt
1 l Wasser
1 EL Salz
1 EL Zucker
50 g Butter

Für die Soße

250 ml guter Orangensaft
1 Eidotter
1 TL scharfer Senf
Salz, Pfeffer aus der Mühle
Abgeriebene Schale einer ungespritzten ½ Orange
1 Schuss Sherryessig
10 ml Orangenlikör
125 ml Olivenöl

1 Wasser in einem passenden Topf mit Salz, Zucker und Butter zum Kochen bringen. Die Spargelstangen in das kochende Wasser legen, ggf. beschweren, einmal aufkochen, vom Feuer nehmen und mindestens 30 Minuten gar ziehen lassen. So erhalten Sie grundsätzlich einen perfekt gegarten, bissfesten Spargel.

2 Spargel aus dem Sud heben und etwas abtropfen lassen. In ein passendes Gefäß setzen.

3 Alle Zutaten für die Orangensoße kräftig aufschlagen, nach eigenem Gusto abschmecken und über den Spargel verteilen. Spargel mindestens 1 Stunde darin marinieren.

Tipp

Das Foto zeigt den Spargel mit kandierter Orangenschale und Orangenfilets, dazu könnte ich mir auch noch prima ein Stückerl Fisch oder Geflügel vorstellen. Muss aber nicht sein.

Tafelspitz in Tomatengelee

Für den Tafelspitz

1 kg Tafelspitz
Zwiebel, mit Gewürznelke und
Lorbeerblatt gespickt
10 weiße Pfefferkörner
1 Kräutersträußchen

Für das Tomatengelee

400 g sehr reife Tomaten, geviertelt,
alternativ Tomaten aus der Dose
Salz, frisch gemahlener Pfeffer
20 bis 25 g Gelatinepulver
1 Prise Zucker
Balsamicoessig nach Geschmack
150 g Gemüsewürfel (Sellerie,
Lauch, Karotten), blanchiert

1 Den Tafelspitz von dicken Sehnen befreien und in einen passenden Topf legen. Mit Wasser aufgießen, bis das Fleisch bedeckt ist. Die gespickte Zwiebel und die Pfefferkörner zum Fleisch geben und zum Kochen aufstellen. Den Schaum an der Oberfläche abschöpfen, damit die Brühe klar bleibt.

2 Geschätzte 30 Minuten vor Ende der Garzeit das Kräutersträußchen und die Tomaten zum Fleisch geben. Wenn das Fleisch gar ist (Nadelprobe – geht leicht rein und leicht raus), aus dem Topf nehmen und zum Abkühlen in kaltes Wasser legen. Anschließend quer zur Faser (eine Aufschnittmaschine ist da sehr hilfreich) in etwa 0,3 cm dünne Scheiben schneiden. Diese mit Salz, reichlich Pfeffer aus der Mühle und Balsamicoessig marinieren.

3 Die Brühe durch ein Sieb passieren und auf 500 ml einkochen. Mit den Gewürzen kräftig, nein sehr kräftig abschmecken. Die Gelatine in der heißen Brühe auflösen und danach abkühlen lassen.

4 Eine entsprechende Terrinenform mit Klarsichtfolie auslegen. Abwechselnd das schon fast stockende Tomatengelee, die Gemüsewürfel und die marinierten Tafelspitzscheiben einschichten. Mit Folie abdecken und für mindestens 6 Stunden, besser über Nacht, kalt stellen.

5 Die Terrine aus der Form stürzen, in etwa 1 cm dicke Scheiben schneiden und mit Rucola, einer Schnittlauchcreme und kleinen Bratkartoffeln genießen. Wer es besonders pikant mag, kann noch zusätzlich mit Meerrettich abschmecken.

Tipp

Die Garzeit des Tafelspitzes lässt sich schwer vorhersagen. Sie hängt ab von Alter, Geschlecht und Rasse der Tiere sowie vom Reifegrad des Fleisches. Zwei Stunden sollten Sie auf jeden Fall einplanen. Ich empfehle, gleich das doppelte Rezept herzustellen, die Terrine hält sich im Kühlschrank recht lange – bis zu zwei Wochen.

Rindssuppe mit Semmelpflanzerl

4 Semmeln vom Vortag
100 ml heiße Milch
2 EL frische Petersilie, fein geschnitten
1 EL frischer Kerbel, etwas gehackt
2 Eier
Salz, Pfeffer, Muskat
40 g Butter
1,2 l Rinderkraftbrühe (siehe Rezept
Seite 190)

1 Semmeln in etwa 1,5 cm große Würfel schneiden. Die Semmelwürfel mit lauwarmer Milch übergießen und zugedeckt 5 Minuten weichen lassen.

2 Die Petersilie zusammen mit dem Kerbel, den Eiern und den Gewürzen unter die Brotwürfel mengen. Mit feuchten Händen aus dem Teig kleine oder auch größere Pflanzerl formen.

3 Die Pflanzerl in schäumender Butter behutsam goldgelb braten. Die Semmelpflanzerl in vorgewärmte, tiefe Teller legen und mit Rinderkraftbrühe übergießen.

Tipp

Die Semmelpflanzerl passen nicht nur als Suppeneinlage, sondern auch prima als Beilage zu Fleisch-, Geflügel-, Pilz- und Wildgerichten. Und natürlich sind sie eine raffinierte Altbrotverarbeitungsmöglichkeit.

Basilikumsuppe mit Parmesanschöberl

Für die Parmesanschöberl

40 g Butter, weich
2 Eier, getrennt
3 EL Sahne
Salz und frisch gemahlener Pfeffer
50 g Mehl
60 g Parmesan, frisch gerieben

Für die Basilikumsuppe

2 Schalotten, fein gewürfelt
1 Knoblauchzehe, fein gewürfelt
80 g Butter
20 g Mehl (etwa 1 EL)
800 ml Rinderkraftbrühe (siehe
Rezept Seite 190), Gemüse- oder
Geflügelbrühe
300 ml Sahne
Salz und frisch gemahlener Pfeffer
Muskat
2 Bund Basilikum, die Blätter
gewaschen, gezupft
50 g Spinat, gewaschen

1 Den Backofen auf 190 °C vorheizen.

2 Parmesanschöberl: Butter, Eidotter und Sahne mit den Gewürzen schaumig schlagen. Das Eiweiß zu Schnee schlagen und zusammen mit dem Mehl unterheben.
Ein Backblech mit Backpapier auslegen und darauf die Schöberlmasse etwa 1 cm hoch streichen. Mit Parmesan bestreuen. Im Backofen etwa 10 Minuten goldgelb backen. Etwas abkühlen lassen und in Rauten oder Würfel schneiden.

3 Basilikumsuppe: Schalotten und Knoblauch in 30 g schäumender Butter glasig dünsten. Mit Mehl bestäuben, kurz rösten und mit Brühe aufgießen. Unter ständigem Rühren aufkochen und weitere 5 Minuten kochen lassen. Die Hälfte der Sahne zugießen, mit Salz, Pfeffer und Muskat würzen. Die Suppe beiseitestellen.

4 Basilikumblättchen und Spinat in kochendem Wasser 3 Sekunden blanchieren und sofort in Eiswasser abschrecken. Zusammen mit der übrigen Sahne pürieren. Dieses Püree mit den restlichen 50 g Butter in die Suppe einrühren und mit dem Mixstab aufschlagen, abschmecken und sofort mit den Parmesanschöberln servieren.

Tipp

Um bei einer Kräutersuppe eine optimale grüne Farbe zu erhalten, bereiten Sie ein Püree aus den gewünschten Kräutern zu und rühren es erst im letzten Moment in die Suppe. So bleibt nicht nur die Farbe, sondern auch der Geschmack erhalten. Den Spinat verwenden wir, um ein noch kräftigeres Grün zu erhalten. Er ist neutral im Geschmack. Statt Sahne können Sie auch Wasser zum Mixen der Kräuter verwenden.

Kartoffelsuppe mit Apfel und Blutwurst

Für die Kartoffelsuppe

1 Zwiebel, fein gewürfelt

100 g Speck, fein gewürfelt

500 g Kartoffeln, geschält und in etwa 2 cm große Stücke geschnitten

100 g Sellerie, geschält und in etwa 2 cm große Stücke geschnitten

200 g Lauch, etwas zerkleinert

1 Karotte, geschält und etwas zerkleinert

ca. 1,2 l Rinderkraftbrühe (siehe Rezept Seite 190)

50 ml Sahne

100 g Sauerkraut, grob gehackt

Zum Braten

30 g Butterschmalz

Zum Würzen

Salz, Pfeffer, Majoran, Knoblauch, Zucker, Senf

Für die Einlage

2 Äpfel

200 g feste (bratfähige) Blutwurst

2 EL Schnittlauchröllchen

1 Kartoffelsuppe: Speck, Zwiebel und Knoblauch in Butterschmalz anbraten. Kartoffeln, Lauch, Sellerie und Karotten zugeben und kurz mitschwitzen, salzen und pfeffern. Mit Brühe auffüllen und alles in etwa 15 Minuten weich kochen. Majoran zugeben und die Suppe mit dem Zauberstab grob zerkleinern. Sauerkraut und Sahne zugeben und die Suppe mit einem Klecks Senf abschmecken. Ggf. muss die Suppe noch verdünnt werden.

2 Apfel und Blutwurst: Die Schale der Äpfel mit dem Messer etwas einritzen, damit die Spannung weg ist. Danach vierteln, Kerngehäuse entfernen und in Spalten schneiden. In wenig Butter mit Zucker kurz glasieren.

3 Blutwurst in Scheiben schneiden und ohne Fett warm braten.

4 Fertigstellen und anrichten: Kartoffelsuppe mit Apfelspalten und der gebratenen Blutwurst anrichten. Mit Schnittlauchröllchen bestreuen.

Tipp

Natürlich ist diese Suppe mehr als eine „Suppe", die macht richtig satt. Für Freunde deftigerer Kost bestimmt zu empfehlen. Nicht jeder ist für Blutwurst zu begeistern – verstehe ich auch. Aber diese Kartoffelsuppe mit dem Sauerkraut und auch den Äpfeln sollten Sie unbedingt mal auf den Tisch bringen.

Holledauer Hochzeitssuppe

Für die Lebermasse (Bräutigam)

1 kleine Zwiebel, fein gewürfelt
1 Knoblauchzehe, fein gewürfelt
20 g Butter
300 g Rindsleber, durchgedreht
80 g Rindermilz, durchgedreht
3 Eier
250 bis 300 g Semmelbrösel
Salz und frisch gemahlener Pfeffer
Majoran
Abgeriebene Schale einer
ungespritzten Zitrone
$\frac{1}{2}$ Bund Petersilie, gehackt

Für die Buttermasse (Braut)

300 g Butter
6 Eier, getrennt
100 g Mehl
Salz
2 l Rinderkraftbrühe
(siehe Rezept Seite 190)
1 Bund Schnittlauchröllchen

1 Bräutigam: Zwiebel und Knoblauch in Butter glasig dünsten, zusammen mit Leber, Milz, Eiern und so viel Semmelbröseln in einer Schüssel vermengen, bis eine geschmeidige Masse entsteht. Mit Salz, Pfeffer, Majoran und Zitronenschale würzen. Zuletzt die Petersilie hinzufügen und beiseitestellen.

2 Braut: Für die helle Masse die Butter schaumig schlagen. Nach und nach die Eidotter und das Mehl beigeben. Das Eiweiß zu nicht zu steifem Schnee schlagen und vorsichtig unterheben. Leicht salzen. Eine entsprechende Kuchenform (z.B. Gugelhupf) einbuttern und die Massen abwechselnd einfüllen. Abdecken und die Form in einem Wasserbad im Ofen bei etwa 160 °C 35 bis 50 Minuten garen. Herausnehmen, etwa 10 Minuten ruhen lassen, aus der Form stürzen. In Scheiben schneiden und in heißer Rinderkraftbrühe mit frischen Schnittlauchröllchen servieren.

Tipp

Bei einer echten Bauernhochzeit in meiner Heimat, der Holledau, darf diese traditionelle Hochzeitssuppe nicht fehlen. Die Zubereitung klingt sehr schwierig, aber das ist sie eigentlich nicht.

Im Querschnitt sieht diese Suppeneinlage wie ein Marmorkuchen aus. Die dunkle Masse steht für den Bräutigam, die helle natürlich für die Braut. Je nach Anteil der Massen wird bei der Hochzeit auf eine zukünftige mögliche Dominanz in der Ehe gedeutet. Man sieht also, auch darauf hat der Koch bereits Einfluss.

Kohlrabisamtsuppe

1 mittelgroße Zwiebel, gewürfelt
1 Knoblauchzehe, fein zerkleinert
100 g Butter
2 bis 3 junge Kohlrabi, geschält und klein geschnitten
1 kleine Kartoffel, geschält und klein geschnitten
1 Lorbeerblatt
1 l Geflügelbrühe
250 ml Weißwein
250 ml Sahne
Salz, Pfeffer, Muskat

1 Die Zwiebel und den Knoblauch in 30 g Butter hell andünsten. Die Kohlrabi- und Kartoffelstücke beigeben und kurz mitdünsten. Mit der Brühe aufgießen.

2 Das Lorbeerblatt hinzufügen und das Gemüse in etwa 10 bis 15 Minuten weich kochen. Das Lorbeerblatt entfernen, Wein, Sahne und Butter zugeben und die Suppe mit dem Mixstab sämig pürieren. Abschmecken mit Salz, Pfeffer und Muskat. Suppe gegebenenfalls noch verdünnen (hängt von der Kartoffelsorte ab).

3 Suppe passieren, danach die restliche Butter zugeben und nochmals kräftig mit dem Mixstab aufschäumen

Tipp

Als Einlage, wie auf unserem Bild, eignen sich gedünstete Kohlrabistreifen und junges Kohlrabigrün. Genauso können Sie auch eine Selleriesuppe zubereiten.

Steinpilzsuppe mit Semmelknödelpiccata

Für die Steinpilzsuppe

80 g Butter
1 Zwiebel, fein gewürfelt
1 Knoblauchzehe, fein gewürfelt
50 g geräucherter Speck, fein gewürfelt
400 g frische Steinpilze, gesäubert und klein geschnitten
2 EL Olivenöl
Salz und frisch gemahlener Pfeffer
1 EL Mehl
800 ml Rinderkraft- oder Geflügelbrühe
200 ml Sahne
100 ml Weißwein
½ Bund glatte Petersilie, fein geschnitten

Für die Semmelknödelpiccata

2 gegarte, in je 4 Scheiben geschnittene Semmelknödel (siehe Rezept Seite 168)
2 Eier
50 g würziger Bergkäse, frisch gerieben
20 g Butter

1 Steinpilzsuppe: Die Steinpilze in einer ausreichend großen Pfanne kräftig anbraten, salzen und pfeffern. Zwiebeln, Knoblauch und Speck in einem separaten Topf in 30 g Butter anbraten, mit Mehl bestäuben, mit Brühe, Weißwein und Sahne aufgießen. Die Suppe etwa 5 Minuten köcheln lassen. Die Hälfte der angebratenen Pilze und die restlichen 50 g Butter dazugeben. Etwa noch 1 Minute kochen lassen, anschließend mit dem Mixstab fein pürieren. Suppe abschmecken mit Salz und Pfeffer, gegebenenfalls noch verdünnen. Die beiseitegestellten angebratenen restlichen Steinpilze und die fein geschnittene Petersilie in die Suppe geben.

2 Semmelknödelpiccata: Die Knödelscheiben in Mehl wenden, überschüssiges Mehl abklopfen. Die Eier mit dem Käse verquirlen und die mehlierten Knödelscheiben durchziehen. In schäumender Butter von beiden Seiten goldgelb braten.
Die Suppe mit der Knödelpiccata in einem tiefen Teller servieren.

Tipp

Die Suppe passt auch wunderbar als Pastasoße, und die Knödelpiccata ist eine feine vegetarische Idee zu Salat oder Gemüse.

Meerrettichsuppe mit Ochsenfleischwürfeln

Für die Suppe

50 g Butter
1 Zwiebel, fein gewürfelt
1 Knoblauchzehe, fein gewürfelt
1 Apfel, geschält, entkernt und in dünne Spalten geschnitten
300 g Kartoffeln, geschält und klein gewürfelt
1 l kräftige Rinderkraftbrühe (siehe Rezept Seite 190)
Salz und frisch gemahlener Pfeffer, Zucker
3 bis 5 EL Meerrettich aus dem Glas
250 g Sahne
1 EL mittelscharfer Senf

Für die Ochsenfleischwürfel

250 g gekochtes Ochsenfleisch, klein gewürfelt
frische Kräuter (Dill, Petersilie, Schnittlauch etc.), fein geschnitten
Frischer Meerrettich

1 In der Hälfte der Buttermenge Zwiebel, Knoblauch, Apfelspalten und Kartoffelwürfel andünsten. Mit Brühe aufgießen und etwa 20 Minuten gar kochen lassen. Die Suppe mit einem Pürierstab fein mixen, salzen, pfeffern und mit einer Prise Zucker abschmecken.

2 Die Suppe durch ein Sieb passieren, dann erneut zum Kochen aufstellen. Den Meerrettich, die restliche Butter, Senf und die Sahne einschlagen. Die Ochsenfleischwürfel zum Erwärmen in die Suppe streuen.

3 Mit frisch gehackten Kräutern und frisch geriebenem Meerrettich anrichten.

Tipp

Für Soßen und Suppen eignet sich konservierter Meerrettich bedeutend besser. Er verliert weniger an Schärfe und Aroma beim Erhitzen. Die Höhe der Meerrettichzugabe ist natürlich eine Frage des Geschmacks und des Muts. Ich kann nur sagen „trauen Sie sich ruhig".

Übrigens: Mein Favorit als Mitternachtssuppe, wenn man schon ein bisserl was … na, Sie wissen schon …

Altbayerische Schwammerlsuppe

Für die Mehlschwitze

30 g Mehl

50 g Butter

Für die Schwammerlsuppe

30 g Butter

1 mittelgroße Zwiebel, fein gewürfelt

2 Knoblauchzehen, fein gewürfelt

200 g verschiedene Waldschwammerl
(Steinpilze, Maronenpilze, Pfifferlinge etc.), geputzt, in Scheiben
geschnitten

Salz und Pfeffer

1 l Rinderkraft- oder Geflügelbrühe

Balsamicoessig nach Geschmack

1 Prise Zucker

½ Bund Petersilie, in Streifen
geschnitten

1 Aus Butter und Mehl eine braune Mehlschwitze zubereiten und abkühlen lassen.

2 In einem größeren Topf 30 g Butter erhitzen. Die Zwiebel- und Knoblauchwürfel darin glasig dünsten. Die Schwammerl hinzufügen, mit Salz und Pfeffer würzen und kurz mitdünsten. Mit Brühe aufgießen, salzen, pfeffern, einmal aufkochen lassen. Mehlschwitze nach Bedarf zur Bindung unter ständigem Rühren in die Suppe geben.

3 Mit Balsamicoessig und einer Prise Zucker abschmecken. Die Suppe sollte einen merklich säuerlichen Touch haben. Zuletzt reichlich Petersilie unter die fertige Suppe mischen.

Tipp

Als Einlage eignen sich kleine Semmelknödel oder Semmelpflanzerl (siehe Rezept Seite 168 und Seite 35). Häufig erreicht man bereits durch die Schwammerl eine ausreichende Bindung der Suppe, so dass eine Mehlschwitze nur noch geringfügig oder auch gar nicht mehr nötig ist. Eigentlich ist dieses Gericht mehr als eine Suppe. Und – niemand kocht sie besser als meine Mama.

Kürbis-Ingwer-Cappuccino

Für den Cappuccino
300 g Muskatkürbisfleisch
2 Schalotten
30 g Butter
1 Knoblauchzehe
2 TL frischer Ingwer, fein zerkleinert

Zum Aufgießen
1 l helle Geflügel- oder Rinderkraftbrühe
150 ml Weißwein
100 ml Sahne
60 g Butter

Zum Würzen
Salz, Pfeffer, Curry, Muskat, Chili,
Wodka, Kürbiskernöl

Zum Abschluss
Evtl. 30 g geröstete Kürbiskerne

1 Kürbis-Ingwer-Cappuccino zubereiten: Zerkleinerte Schalotten, Ingwer, Knoblauch sowie das Kürbisfleisch mit einer Messerspitze Curry in Butter andünsten. Mit Brühe und Weißwein auffüllen. Würzen mit Salz, Pfeffer und etwas Chili. In ca. 20 Minuten alles recht weich kochen.

2 Nun die Suppe (Cappuccino) mit dem Mixstab fein pürieren. Sahne beigeben und das Ganze mit Kürbiskernöl, etwas Muskat, Wodka sowie gegebenenfalls noch Ingwer und Chili raffiniert (es darf ruhig ein bisserl scharf werden) abschmecken. Falls gewünscht, das Ganze passieren, zuletzt die Butter einmixen. Gegebenenfalls muss der Cappuccino noch verdünnt werden.

3 Fertigstellen und anrichten: Den Kürbis-Ingwer-Cappuccino in vorgewärmten Kaffee-, bzw. Cappuccinotassen anrichten. Wer mag, kann noch geröstete Kürbiskörndl separat dazu reichen.

Tipp

Die benötigte Flüssigkeitsmenge hängt ab vom Stärkegehalt des Kürbisses. Der Cappuccino lässt sich prima vorbereiten und wird durchs Wiedererwärmen nur besser. Natürlich wird er getrunken, wir reichen keine Löffel.

Genauso können Sie auch andere Gemüsesuppen zubereiten – als Cappuccino serviert kommen sie natürlich noch raffinierter daher, außerdem schmeckt's getrunken viel besser als gelöffelt.

Auf dem Foto sehen Sie den Kürbis-Ingwer-Cappuccino mit einem Klecks Schlagsahne und fein geriebenem Schwarzbrot – alias Kakao.

Forelle mit Weißbiersoße und Kräuter-Rüben-Gemüse

Für die Forellen
4 Forellen à ca. 300 g

Zum Würzen
Salz, Pfeffer, Zucker
Zitronensaft und -abrieb einer Zitrone

Für die Weißbiersoße
60 g Butter
50 g Schalotten, fein gewürfelt
100 ml Weißbier
100 ml Weißwein
100 ml Sahne

Für das Gemüse
200 g Gelbe Rüben
200 g Karotten
200 g Kartoffeln
30 g Butter
2 EL Ingwer, in feine Blättchen geschnitten.
50 g frische Kräuter nach eigenem Gusto (Minze, Basilikum, Petersilie, Schnittlauch, Dill, Melisse ...)

1 Forellen filetieren, mit einer Pinzette die Steckgräten ziehen, würzen mit Salz, Pfeffer und einem Spritzer Zitronensaft.

2 Schalotten in 20 g Butter glasig dünsten, auffüllen mit Weißbier und Weißwein, aufkochen. Filets einlegen und etwa 3 bis 5 Minuten am Siedepunkt gar ziehen lassen. Vorsichtig herausnehmen und warm stellen. Flüssigkeit auf etwa die Hälfte einkochen, Sahne zugeben und nochmals kurz einkochen. Restliche Butter (kalt) in die Soße geben und mit dem Mixer kräftig aufschäumen. Abschmecken mit frisch geriebener Zitronenschale und ggf. noch Salz.

3 Gelbe Rüben, Karotten und Kartoffeln schälen und in Scheiben schneiden. Gemüse und Kartoffeln in Salzwasser auf ganz leichten Biss garen. Alle Kräuter waschen und nicht zu kleinlich von den Stielen befreien, grob schneiden, Schnittlauch in Röllchen schneiden.

4 Gemüse und Kartoffeln in Butter mit Ingwer und Zucker leicht glasieren, würzen mit Salz, Pfeffer. Zuletzt die Kräuter einschwenken, abschmecken mit Salz, Pfeffer und Zitronensaft.

Forellenfilets auf dem Gemüse anrichten und mit der schaumig leichten Weißbiersoße überziehen.

Tipp

Während in Österreich die Gelben Rüben überall erhältlich sind, muss man sie in unseren Breitengraden mit der Lupe suchen – macht aber nix, unsere Karotten, in Bayern sagt man übrigens dazu auch „Gelbe Rüben", tun's genauso. Zweifarbig ist's aber optisch attraktiver.

Gugelhupf von Edelfischen

Für die Farce
250 g Zanderfilet, ohne Gräten
Salz und Pfeffer
Zitronensaft
Noilly Prat (Wermut)
1 Eiweiß
120 g Sahne

Für die Einlage
100 g Garnelen
2 EL Kräuterpüree (Spinat, Kerbel, Petersilie, Basilikum etc.)
100 g Gemüsewürfel (Karotte, Lauch, Zucchini), blanchiert
600 g Fischfilets (Seezunge, Lachs, Zander, Lotte), ohne Gräten

Für die Form
Butter für die Gugelhupfform
6 große Wirsingblätter, blanchiert

1 Das Zanderfilet in 1 x 1 cm große Stücke schneiden. Marinieren mit Salz, Pfeffer, Zitronensaft und Noilly Prat. Mit dem Eiweiß vermengen und für etwa 20 Minuten ins Gefrierfach stellen. Das marinierte Zanderfilet mit etwa $\frac{1}{3}$ der Sahne im Küchenmixer fein pürieren. Die restliche Sahne unterrühren und die Fischfarce nochmals abschmecken.

2 Gugelhupfform üppig mit Butter ausstreichen und mit Wirsingblättern auslegen, so dass die Kanten verschlossen sind und noch etwas zum Verschließen überhängt; leicht mit Fischfarce bestreichen. Etwa $\frac{3}{4}$ der Farcemenge mit den Gemüsewürfeln vermischen. Das andere Viertel mit dem Kräuterpüree verrühren und beiseitestellen. Die diversen Fischfilets salzen, pfeffern und mit Zitronensaft und Noilly Prat verfeinern.

3 Die Gugelhupfform abwechselnd mit den einzelnen Zutaten (gewürzte Fischfilets, Gemüsefarce, Kräuterfarce, Garnelen) füllen, bis alles aufgebraucht ist. Mit den überhängenden Wirsingblättern verschließen und mit Alufolie abdecken.

4 Im Wasserbad bei etwa 130 °C Ofentemperatur 35 bis 40 Minuten garen. Den gegarten Fischgugelhupf aus dem Ofen nehmen, etwa 10 Minuten ruhen lassen, erst dann auf eine Platte stürzen und anschneiden.

Tipp

Der Erfolg Ihres speziellen Fischgugelhupfs hängt selbstverständlich von der Qualität und Frische der verwendeten Fische ab. Konsumfische wie z.B. Kabeljau, Seelachs etc. sollten Sie nicht verwenden, da diese keine gute Bindung abgeben und als Einlage nicht schnittfest genug sind.

Auf dem Foto sehen Sie eine Scheibe vom Fischgugelhupf mit Kräutersoße und gebratener Garnele.

Kabeljau mit Kräuterpüree und geräucherter Milch

Für den Fisch
600 g Kabeljaufilets

Zum Würzen
Salz, Pfeffer, Zitronensaft, Muskat

Zum Braten
4 EL Mehl
2 EL Butterschmalz

Für das Püree
600 g Kartoffeln, geschält
50 g Butter
150 g frische Kräuter nach Jahreszeit, z. B Minze, Petersilie, Kerbel, Estragon, Rucola
200 ml Sahne, erwärmt

Für die geräucherte Milch
500 ml Milch 3,5 %
50 g Speckschwarte oder angebratene Speckscheiben
1 Rosmarinzweig
1 Lorbeerblatt

Für die Garnitur
50 g Speck, in feine Streifen geschnitten
1 Apfel, in kleine Würfel geschnitten

1 Milch auf etwa 60 °C erwärmen, Speckschwarte, Lorbeer und Rosmarin darin ca. 30 Minuten ausziehen lassen.

2 Kabeljaufilet in Portionen teilen, würzen mit Salz, Pfeffer und Zitronensaft, in Mehl wenden, in Butterschmalz bei mittlerer Hitze braten.

3 Alle Kräuter waschen, grob von den Stielen befreien und mit dem Messer etwas zerkleinern. Im Mixer mit erwärmter Sahne fein pürieren. Kartoffeln in Salzwasser kochen, abschütten und mit dem Kartoffelstampfer zerdrücken. Butter und die Kräutersahne untermischen und das Püree abschmecken mit Salz und Muskat.

Garnitur: Speckwürfel in der Pfanne ohne Fett knusprig braten, Apfelwürfel nur ganz kurz mitbraten, sie sollen nur warm werden.

4 Fisch auf dem Kräuterpüree anrichten, Speck, Lorbeerblatt und Rosmarinzweig aus der Milch entfernen und die Milch kräftig aufschäumen. Milchschaum abschöpfen und über die Fischfilets verteilen, Zuletzt mit Apfel-Speck-Würfeln garnieren.

Tipp

Der geräucherte Milchschaum ist ein attraktives, leichtes und vor allem schnell zuzubereitendes „i-Tüpferl" – auch für zartes Geflügel, Suppen und raffinierte Gemüsegerichte. Auch ein anderer Fisch lässt sich selbstverständlich so zubereiten – lassen Sie sich von Ihrem Fischhändler beraten.

Lachs-Kohlrabi-Türmchen

Für die Soße
Butter für die Gugelhupfform
6 große Wirsingblätter, blanchiert
1 Schalotte, fein gewürfelt
60 g Butter
20 g Mehl
300 ml Fischfond
250 ml Sahne
100 ml Weißwein
30 g Krebsbutter
Noilly Prat (Wermut)
Weinbrand
Salz, Pfeffer und Cayennepfeffer

Für die Schichten
2 mittlere Kohlrabi, geschält und in
3 mm dünne Scheiben geschnitten
600 g Lachsfilet

1 Für die Soße: Die Schalotte in 30 g Butter hell andünsten. Mit Mehl bestäuben, kurz mitdünsten und mit dem Fischfond aufgießen. Sahne und Weißwein hinzufügen und zu einer sämigen Soße kochen. Zuletzt die restliche Butter und die Krebsbutter mit dem Mixstab einrühren. Die Soße mit Noilly Prat, Weinbrand, Salz, Pfeffer und Cayennepfeffer pikant würzen.

2 Die Kohlrabischeiben in kochendem Salzwasser bissfest garen, auf einem Tuch abtropfen lassen. Kohlrabischeiben den Förmchen entsprechend ausstechen, Lachs passend zuschneiden, leicht salzen und pfeffern.

3 Nacheinander Lachs, Kohlrabi und etwas Soße in die gewählten Förmchen schichten.

4 Mit Klarsichtfolie abdecken und im Wasserbad im Ofen bei 130 °C etwa 20 bis 25 Minuten garen. Restliche Soße nochmals erwärmen, eventuell etwas verdünnen und mit dem Mixstab schaumig aufschlagen.

5 Die Türmchen aus den Förmchen auf Teller stürzen und mit der Soße überziehen.

Tipp
Auf dem Foto haben wir die Lachs-Kohlrabi-Türmchen auf breiten Nudeln angerichtet. Das ist schon ein aufwendiges Gericht, kann jedoch exzellent vorbereitet werden.

Saibling à la König Ludwig

Für das Saiblingfilet

8 Saiblingfilets à ca. 80 g
Salz, Pfeffer, Zitronensaft
2 EL Mehl
1 EL Butter
1 EL Olivenöl

Für die Füllung

80 g Lauch, in kurze Streifen
geschnitten
1 EL Butter
250 g junger Blattspinat, gewaschen
und trocken geschleudert
2 Tomaten, geschält, entkernt und
gewürfelt
100 g Champignons, in feine Scheiben geschnitten
Salz, Pfeffer, Muskat

Für die Soße

100 g Schalotten, fein gewürfelt
200 ml Fischfond (aus den Karkassen herstellen oder im Glas)
200 ml guter Weißwein
150 ml flüssige Sahne
50 g Butter
25 g Krebsbutter (gibt's im
Feinkostladen)
2 cl Calvados
50 g geschlagene Sahne

Für die Beilage

300 g Kartoffelpüree
Spritztüte mit runder Tülle

1 Saiblingfilets: Würzen mit Salz, Pfeffer und Zitronensaft, in Mehl wenden und in Butter und Olivenöl überwiegend auf der Hautseite braten, aus der Pfanne nehmen und warm stellen.

2 Soße: Schalotten in Butter andünsten, mit Weißwein und Fisch-fond ablöschen, flüssige Sahne zugeben und alles auf ca. 200 ml einkochen, leicht salzen, vom Feuer nehmen. Butter und Krebsbutter einmixen, mit Calvados abschmecken, zuletzt Schlagsahne unterheben.

3 Füllung: Lauch in Butter andünsten, Spinat zugeben und nur kurz zusammenfallen lassen. Würzen mit Salz, Pfeffer und Mus-kat. Tomatenwürfel und Champignonscheiben unterheben.

4 Fertigstellen und anrichten: Ein Saiblingfilet mit der Hautseite nach unten auf dem Teller platzieren, mit Füllung belegen, das zweite Filet mit der Hautseite nach oben draufsetzen. Mit der Soße überziehen. Zuletzt Kartoffelpüree wellenförmig draufspritzen.

Tipp

Nun, woher das Gericht seinen Namen hat, ist unschwer zu erraten. Wie wir wissen, hat der Namensgeber Fisch sehr geliebt, er wusste einfach, was schön und gut ist. Gönnen Sie sich doch auch mal einen königlichen Fisch.

Lachsforellenfilet in Buttermilch

Für das Lachsforellenfilet

1 Schalotte, fein gewürfelt
20 g Butter
400 ml Fischfond
400 g Lachsforellenfilet ohne Gräten

Für den Buttermilchsud

200 ml Sahne
200 ml Buttermilch
60 g kalte Butter
Salz und Pfeffer
Etwas Zitronensaft und abgeriebene
Schale von einer ungespritzten
Zitrone
200 g Gemüsestreifen, blanchiert
(Zucchini, Karotten, Sellerie)
2 EL frisch gehackte Kräuter

1 Die Schalottenwürfel in Butter andünsten. Mit Fischfond aufgießen und aufkochen lassen. Die Lachsforellenfilets portionieren, in den Sud legen und 4 bis 6 Minuten pochieren. Vorsichtig herausnehmen und abgedeckt warm stellen.

2 Den Fischsud auf ca. 100 ml einkochen. Sahne und Buttermilch beigeben. Kurz aufkochen und im Küchenmixer kräftig aufschlagen. Mit Salz, Pfeffer, Zitronensaft und ein wenig abgeriebener Zitrone abschmecken.

3 Zum Anrichten die Lachsforellenfilets in tiefe Teller geben. Gemüsestreifen erwärmen, über die Lachsforellenfilets verteilen. Buttermilchsud mit der kalten Butter nochmals kräftig aufschäumen und über die angerichteten Filets und Gemüsestreifen gießen. Mit den Kräutern bestreuen.

Tipp

Das Gericht ist und schmeckt wirklich so leicht und fein, wie es aussieht. Bitte unbedingt einen Löffel dazu reichen.

Seeteufel mit Aprikosen, Bohnen und Speck

Für den Fisch
1 kg Seeteufel am Knochen, ohne Haut

Zum Würzen
Saft von 1 Zitrone
Salz, Pfeffer, Chiliflocken

Zum Wenden
2 EL Mehl

Für die Garnitur
4 Schalotten
200 g Prinzessbohnen
100 g Speckscheiben
8 frische Aprikosen
2 Tomaten, geschält, in 6 Ecken zerteilt
100 ml Prosecco
1 TL Thymian, frisch gezupft

Zum Braten
80 ml Olivenöl

1 Vorbereiten: Schalotten schälen, vierteln und 1 Minute blanchieren, Prinzessbohnen zuputzen und bissfest blanchieren – in kaltem Wasser abschrecken. Speck in breite Streifen schneiden, Aprikosen entkernen und vierteln bzw. sechsteln. Tomaten blanchieren, schälen, vierteln und entkernen.

2 Seeteufel mit Knochen portionieren, würzen mit Salz, Pfeffer, Zitronensaft. In Mehl wenden und in Olivenöl langsam und behutsam braten.

3 Garnitur: Schalotten und Speck in Olivenöl anbraten, Aprikosen und Bohnen zugeben. Mit Prosecco ablöschen und mit Salz, Pfeffer und Chili würzen. Zuletzt Tomaten und Thymian untermengen.

4 Fertigstellen und anrichten: Seeteufel auf der saftigen Beilage anrichten. Dazu passen natürlich Kartoffeln, aber auch frisches Weiß- und Olivenbrot.

Tipp

Ein attraktives, aber durch den hochwertigen Fisch nicht gerade günstiges Gericht. Sie können natürlich den Seeteufel durch einen anderen Fisch ersetzen, in diesem Fall bleibt's aber nur Ersatz. Wenn's gerade keine frischen Aprikosen gibt – verwenden Sie getrocknete, diese dann vorher in reichlich Wasser 3 Minuten kochen, so dass sie etwas Süße verlieren.

Seezunge in der Kartoffelkruste

1 kg Kartoffeln, geschält
4 frische Seezungen à ca. 350 g,
bratfertig vorbereitet
Salz und Pfeffer
Limetten- oder Zitronensaft
100 g Mehl
2 Eier, verquirlt
Öl zum Braten
20 g Butter

1 Die Kartoffeln auf einer Röstiraffel fein reiben. In ein Tuch legen und den Saft gründlich ausdrücken.

2 Die Seezungen würzen mit Salz, Pfeffer, etwas Curry und Zitronensaft. In Mehl wenden und durch die verquirlten Eier ziehen. In die ausgepressten Kartoffeln tauchen und diese mit der Hand fest andrücken.

3 In einer größeren Pfanne das Öl erhitzen und die Seezungen einlegen. Auf beiden Seiten bei guter Hitze knusprig braten. Vor dem Servieren noch einmal etwas salzen und mit leicht gebräunter Butter beträufeln.

Tipp

Auf dem Foto sehen Sie die Seezunge mit Kräuterbutter präsentiert. Es ist sehr wichtig, dass die Kartoffeln sehr gut ausgedrückt werden. Wenn sie noch zu nass sind, wird die Kartoffelkruste eher zäh als „knusprig". Seezunge ist aufgrund der schwierigen und geringen Fangausbeute mittlerweile sehr teuer geworden!

Natürlich können Sie auch andere Fische so zubereiten, jedoch sollten Sie dann Filets verwenden.

Zander mit Kren und Speck auf Linsengemüse

Für den Zander
600 g Zanderfilet
1 EL Olivenöl
1 EL Butter
100 g Speck, in Streifen geschnitten

Für die Linsen
300 g braune Linsen
100 g geräucherter Bauchspeck, fein
gewürfelt (Schwarte separat halten)
2 EL Butter
1 Gemüsezwiebel, gewürfelt,
ca. 5 mm
2 Karotten, geschält, gewürfelt,
ca. 5 mm
2 Kartoffeln, geschält, gewürfelt,
ca. 5 mm
100 g Sellerie geschält, gewürfelt,
ca. 5 mm
1 Stange junger Lauch, geputzt,
gewürfelt, ca. 1 cm

Für die Sämigkeit
1 Kartoffel, geschält und fein gerieben
1,5 l Gemüsebrühe
200 ml Weißwein

Zum Würzen
Lorbeerblatt, Salz, Pfeffer, scharfer
Senf, Zitrone, Balsamicoessig,
Himbeersirup

Zuletzt
2 EL frisch geriebener Meerrettich
Kräuter nach Jahreszeit

1 Vorbereiten: Linsen in reichlich kaltem Wasser mindestens 1 Stunde (besser über Nacht) einweichen.

2 Linsen: Zwiebel-, Speck-, Kartoffel-, Karotten- und Selleriewürfel in Butter anschwitzen. Lorbeerblatt hinzufügen. Linsen, Speckschwarte und Lorbeerblatt zugeben, mit Weißwein und Brühe aufgießen.

3 Etwa 30 bis 40 Minuten gar kochen, Linsen sollten nicht zu weich werden. Nach Bedarf noch Flüssigkeit zugeben. Kurz vor Ende der Garzeit geriebene Kartoffel zur Bindung beigeben, Lauch hinzufügen und die Speckschwarte entfernen.

4 Das Ganze abschmecken mit Balsamicoessig, Senf, Himbeersirup, Salz und Pfeffer. Vorsicht beim Salz, wahrscheinlich braucht's wegen des Specks nur ganz wenig.

5 Zanderfilet würzen mit Salz, Pfeffer und Zitronensaft, in Olivenöl und Butter überwiegend auf der Hautseite kross braten. Speckstreifen kross in der Pfanne mitbraten, ggf. früher aus der Pfanne holen.

6 Fertigstellen und anrichten: Zanderfilet mit den knusprigen Speckstreifen auf dem soßigen Linsengemüse anrichten, zuletzt frischen Meerrettich darüberreiben und mit frischen Kräutern garnieren. Dazu ein luftiges Kartoffelpüree und Sie werden auch Nicht-Fisch-Fans begeistern.

Tipp

Kochen'S doch immer gleich, wie auch in diesem Rezept berücksichtigt, eine etwas größere Menge von den Linsen, denn aufgewärmt sind's noch besser Fisch und Linsen – diese Kombination mag Ihnen auf den ersten Blick etwas unvertraut erscheinen. Aber Sie wissen ja: „Nur wer sich traut, gewinnt."

Zander im Speckpfannkuchen

Für den Pfannkuchenteig

250 ml Milch
100 g Mehl
3 Eidotter
30 g Butter, flüssig
Salz und Pfeffer
3 Eiweiß

Für den Fisch

400 g Zanderfilet
100 g Champignons, geputzt und in Scheiben geschnitten
120 g Speckscheiben, dünn geschnitten
40 g Butter
1 Fleischtomate, gehäutet und geviertelt
2 EL frische, fein geschnittene Kräuter

1 Aus Milch, Mehl, Eidottern und Butter einen glatten Teig rühren. Salzen und pfeffern. Das Eiweiß zu Schnee schlagen und unter den Teig heben.

2 Die Zanderfilets in 40-g-Stücke teilen, salzen und pfeffern. Die Champignons putzen und in Scheiben schneiden.
In einer großen Pfanne die Speckscheiben knusprig braten, Champignons und Fischstücke hinzufügen und kurz anbraten. Herausnehmen und beiseitestellen.

3 In den Bratensatz die Butter gleiten lassen und den Pfannkuchenteig einfüllen. Kurz anbacken, dabei nicht wenden und die Pfanne beiseiteziehen.

4 Speck, Zanderstücke, Champignons und die Tomatenviertel auf der Teigoberfläche verteilen. Die Pfanne in den auf 200 °C vorgeheizten Ofen schieben und etwa 5 bis 10 Minuten fertig garen. Vor dem Servieren frische Kräuter über den fertigen Pfannkuchen streuen.

Tipp

Dazu passen saure Sahne und grüner Salat. Bringen Sie das Gericht am besten in der Pfanne auf den Tisch.
Bitte machen Sie sich die Mühe und untersuchen Sie die Fischfilets peinlichst genau auf Steckgräten.

Zitronenfisch auf Safrankartoffeln

Für den Fisch
600 g Fischfilet nach Wahl
Salz, Pfeffer, Zitronensaft, Zucker,
Chiliflocken
2 Zitronen, ungespritzt

Zum Wenden
2 EL Mehl

Zum Braten
50 g Butterschmalz

Für die Safrankartoffeln
400 g Kartoffeln
0,1 g Safranfäden
100 g Butter
1 Lorbeerblatt
100 ml Weißwein

Für die Garnitur
100 g Tomatenwürfel, geschält
Kräuterzweige

1 Vorbereiten: Fischfilet in Portionen teilen, würzen mit Salz, Pfeffer, Zitronensaft und frisch geriebener Schale von einer Zitrone. Kartoffeln in etwa 1 cm große (kleine) Würfel schneiden.

2 Fischfilets in Mehl wenden. In Butterschmalz bei mittlerer Hitze braten.

3 Safrankartoffeln: Kartoffeln in wenig Salzwasser mit Lorbeerblatt kochen, abschütten, etwas Kochwasser aufbewahren, Lorbeerblatt entfernen. 20 g Butter schmelzen, Safran hinzugeben, mit Weißwein und etwas Kartoffelwasser einkochen lassen.

4 Gekochte Kartoffeln hinzugeben, abschmecken mit etwas Salz, Chili und einer Prise Zucker. Zuletzt die restliche Butter einschwenken.

5 Fertigstellen und anrichten: Fischfilets auf den saftigen, gelben Safrankartoffeln anrichten, Zitrone darüberreiben. Mit Tomatenwürfeln und einem frischen Kräuterzweig garnieren.

Tipp

Bei Safran empfiehlt es sich, Fäden bester Qualität aus dem Iran oder Spanien zu verwenden. $\frac{1}{10}$ g reicht in der Regel für 4 bis 6 Personen.

Das günstig erscheinende Safranangebot aus bzw. in den bekannten Urlaubsländern sollten Sie besser nicht annehmen. Dieser gemahlene sogenannte Safran enthält meist überwiegend unaromatisches Kurkuma (Gelbwurz). Bei Fäden kann man da nix tricksen.

Die Fischwahl wollte ich Ihnen überlassen, es passt fast jede Sorte zu dieser Zubereitungsempfehlung. Der gewünschte Zitronengeschmack kommt übrigens aus der Schale, der Saft bringt uns die Säure, die wir allerdings beim Fisch auch dringend benötigen, vor allem ist sie auch zuständig für die Festigung des Bindegewebes (hilft aber nur beim Fisch).

Gefülltes Kalbstascherl

Für das Kalbstascherl

600 g Kalbslende
Salz und Pfeffer

Für die Füllung

20 g Butter
1 Schalotte, fein gewürfelt
1 Knoblauchzehe, fein gewürfelt
50 g Champignons
1 EL Zitronensaft
2 EL Petersilie, fein geschnitten
120 g Kalbsbriesröschen, gegart
1 Eidotter

Zum Braten

100 g Semmelbrösel
50 g Butterschmalz

1 Die Kalbslende in Schmetterlingsform à 150 g schneiden und zwischen zwei Klarsichtfolien flach klopfen.

2 Champignons feinblättrig schneiden und mit Zitronensaft beträufeln. Die Schalotten- und Knoblauchwürfel sowie die Champignons in heißer Butter andünsten. Anschließend mit den Kalbsbriesröschen, der Petersilie und dem Eidotter vermischen. Salzen und pfeffern. Die Kalbsschnitzel mit der pikanten Mischung füllen, zusammenklappen und mit Holzspießchen zusammenstecken.

3 Leicht salzen, pfeffern und in den Semmelbröseln wenden. In Butterschmalz behutsam bei mittlerer Hitze braten.

Tipp

Dazu passt, wie auf dem Foto, ein bunter Kartoffelsalat und ein frisches Bier ebenso gut wie ein feines Gemüse und ein Glas Wein.

Kalbsbries in Kräuterbröseln

Für das Kalbsbries

600 g Kalbsbries
1 Zwiebel, gespickt mit 1 Lorbeerblatt und 2 Nelken
½ Stange Lauch, gewaschen
1 Kräutersträußchen
Salz und Pfeffer
Zitronensaft

Für die Kräuterbrösel

100 g Semmelbrösel
50 g frische Kräuter, nicht zu fein geschnitten (z. B. Petersilie, Basilikum,
Schnittlauch, Estragon, Minze …)
50 g Mehl
2 Eier
2 Eigelb
60 g Butter

1 Das Kalbsbries in kaltem Wasser wässern. In einem Topf mit kaltem Wasser das Kalbsbries mit der gespickten Zwiebel, Lauch und dem Kräutersträußchen zum Kochen aufstellen. Etwa 10 Minuten am Siedepunkt garen, dann das Bries herausnehmen, abkühlen lassen, häuten und in Scheiben schneiden. Salzen, pfeffern und mit Zitronensaft beträufeln.

2 Die Semmelbrösel mit den gehackten Kräutern vermischen. Eier und Eigelbe verquirlen.

3 Die Briesscheiben in Mehl wenden, durch die Eier-Eigelb-Mischung ziehen und in den Kräutersemmelbröseln panieren. In Butter behutsam, d.h. nicht zu heiß (das vertragen die Kräuter nicht), ausbacken.

Tipp

Dazu schmeckt hervorragend eine leichte Zitronencreme und ein sämiger Kartoffelsalat (siehe Rezept Seite 159). Anstatt mit Kalbsbries ist dieses Rezept ebenso für Kalbszunge geeignet. Aus dem Sud können Sie eine feine Suppe kochen.

„Bayerischer Defiliermarsch"

Für den Marsch
1 kleiner Wirsing
800 g Schweinebauch, roh mit Schwarte
600 g Schweinebauch, geräuchert, roh (Wammerl)
2 Äpfel
6 mittelgroße Karotten
400 g Kartoffeln, geschält

Zum Würzen
1 Gewürzsackerl mit 2 Zehen Knoblauch, zerdrückt, 8 Wacholderbeeren, 2 Nelken, 20 Pfefferkörnern, 2 Lorbeerblättern
1 gutes Stück Ingwer
250 ml Sahne

Zum Abschmecken
3 bis 4 EL Meerrettich aus dem Glas
1 EL scharfer Senf
Pfeffer, Salz, Chili
2 EL Schnittlauchröllchen

1 Vorbereiten: Wirsing von äußeren Blättern befreien und mit dem Strunk achteln, Äpfel schälen, vierteln und entkernen, Karotten schälen und schräg halbieren, Kartoffeln schälen, halbieren.

2 „Marschzutaten" garen: Rohen und geräucherten Schweinebauch mit dem Gewürzsackerl in 4 l Wasser aufsetzen. Etwa 30 Minuten kochen lassen, dabei immer wieder den aufsteigenden Schaum abschöpfen.

3 Kartoffeln, Karotten und Äpfel zugeben. Äpfel nach 3 Minuten und die Karotten, wenn sie weich sind, nach etwa 15 Minuten wieder herausfischen und warm stellen. Kartoffeln bleiben drin. Zuletzt das Fleisch, wenn es weich ist, nach insgesamt gut 1½ Stunden Kochzeit herausnehmen.

4 Jetzt den Wirsing in dem Sud ca. 5 Minuten kochen, herausnehmen. Nun sind alle „Marschzutaten" gegart.

5 Suppe: Den Sud auf etwa 1,5 l (mit den Kartoffeln) einkochen.

6 Mit dem Zauberstab pürieren, so dass eine sämige Suppe entsteht, Sahne zugeben, mit Senf, Meerrettich, Pfeffer, etwas Chili und evtl. noch Salz pikant abschmecken, ggf. noch verdünnen.

7 Fertigstellen und anrichten: In tiefe Teller jeweils Wirsing, Karotte, Apfel und je eine Scheibe vom Schweinebauch verteilen und mit der Suppe übergießen, mit Schnittlauchröllchen bestreuen.

Tipp

Ein Eintopf, für den man Messer, Gabel und Löffel braucht. Wenn Sie nicht so auf gekochten Schweinebauch stehen, können Sie den „Defiliermarsch" auch mit Schweine-, Rinder- oder Kalbsschulter zubereiten.

Kalbsbrust mit Breznfüllung

Für die Füllung

5 Brezn vom Vortag, gewürfelt
125 ml heiße Milch
1 kleine Zwiebel, fein gewürfelt
30 g Butter
50 g Champignons, geputzt und halbiert
100 Karottenwürfel, gegart
100 g Kalbsbrät vom Metzger
Salz und Pfeffer
2 Eier

Für die Kalbsbrust

1 Kalbsbrust mit eingeschnittener Tasche
Salz und Pfeffer
60 g Butter zum Bestreichen

Für die Soße

1 kg Kalbsknochen, klein gehackt
2 kleine Zwiebeln, geviertelt
2 Karotten, grob zerkleinert
100 g Sellerie, grob zerkleinert
1 Lorbeerblatt
1 Nelke
Ca. 500 ml Brühe
300 ml Bratengrundsoße für Kalb (siehe Rezept Seite 193)

1 Füllung: Breznwürfel mit heißer Milch übergießen und zugedeckt weichen lassen. Zwiebelwürfel in 20 g Butter glasig andünsten. Kalbsbrät mit den Eiern, der eingeweichten Brezn sowie den Champignons und Karottenwürfeln gründlich vermengen. Mit Salz und Pfeffer abschmecken.
Die Kalbsbrust füllen, innen und außen salzen und pfeffern. Mit der vorbereiteten Masse füllen, zubinden oder mit einem Spieß zustecken.

2 Die Kalbsknochen in einen größeren Bräter legen. Zwiebelviertel, Karotten und Selleriestücke sowie Lorbeerblatt und Nelke hinzufügen. Die gefüllte Kalbsbrust draufsetzen und den Bräter in den auf 180 °C vorgeheizten Ofen schieben. Nach etwa 20 Minuten die Hitze auf 130 °C reduzieren.

3 Das Fleisch während der etwa 2- bis 2 ½-stündigen Bratzeit regelmäßig alle 20 Minuten mit Brühe übergießen, dadurch erhalten Sie eine hochwertige Soße, und gleichzeitig wird die Kalbsbrust nicht trocken.

4 Die fertige Kalbsbrust aus dem Bräter nehmen, mit Butter einpinseln und zugedeckt an einem warmen Ort mindestens ½ Stunde ruhen lassen.

5 Soße: Den Bräterinhalt unter Zusatz von etwas Brühe und Bratensoße im Ofen etwa eine ½ Stunde weiterkochen lassen; anschließend durch ein Sieb passieren, ggf. auf gewünschte Menge einkochen, fertig abschmecken.

6 Die Kalbsbrust noch einmal bei 160 °C im Ofen etwa 10 Minuten erwärmen und anschließend mit einem scharfen Sägemesser aufschneiden, auf einer Platte anrichten. Die Soße reichen Sie separat.

Tipp

Als Beilage reichlich Salat, bei dem auch Kartoffelsalat (siehe Rezept Seite 159) keinesfalls fehlen darf, servieren.

Der Schweinsbraten

Für den Braten

1 Schweineschulter, hohl
ausgelöst mit Schwarte, ca. 4 kg

Zum Würzen

Salz, schwarzer Pfeffer, gemahlen
1 EL Kümmel
5 Zehen Knoblauch, fein gehackt

Für die Soße

2 kg Schweineknochen, vom
Metzger klein gehackt
4 mittelgroße Zwiebeln mit Schale,
geviertelt
500 ml Bier
1 l Bratengrundsoße (siehe Rezept
Seite 193)
Wasser nach Bedarf

1 Vorbereiten: Knochen und Zwiebeln in einem großen Bräter (Reine) im Ofen bei starker Hitze in etwas Fett anbraten.

2 Braten: Fleisch kräftig mit Salz, Pfeffer, Kümmel und Knoblauch würzen, einreiben. Mit der Schwarte nach unten auf Knochen und Zwiebeln setzen, etwa 2 cm hoch. Wasser angießen. Für 40 bis 50 Minuten bei 150 °C in den Ofen schieben, bis die Schwarte „geschmeidig" ist. Jetzt die Schwarte einschneiden, etwa alle 0,5 cm, dann lässt sich der Braten danach besser aufschneiden.

3 Nun den Braten im Ofen, bei 120 bis 130 °C (keine Heißluft verwenden, die trocknet zu sehr aus) behutsam fertig garen, das dauert nochmals ca. 2 Stunden. Dabei öfter mit etwas Bier und Wasser übergießen. Der Braten muss immer feucht sein.

4 Das Fleisch ist gar, wenn beim Einstechen mit einer Nadel fast klarer Fleischsaft austritt. Falls Sie einen Fleischthermometer besitzen, die Kerntemperatur sollte 70 °C sein. Jetzt aus dem Ofen nehmen und mindestens 30 Minuten ruhen lassen.

5 Soße: Bratensatz mit der Grundsoße auffüllen und während das Fleisch sich ausruht, köcheln lassen. Soße passieren, ggf. noch einkochen und mit Bier, Salz und Pfeffer würzig abschmecken.

6 Braten krusten: Braten auf ein Gitter setzen und zum Krusten für 20 bis 25 Minuten bei starker Hitze, 230 °C in den Ofen schieben. Ein Reindl mit etwas Wasser unterstellen. Erst jetzt entsteht die gewünschte und begehrte Kruste und der Braten wird nochmal richtig heiß.

7 Fertigstellen und anrichten: Schulter zwischen der Kruste aufschneiden und mit der Soße und z.B. Semmelknödel (siehe Rezept Seite 168) oder Brezngugelhupf (siehe Rezept Seite 153) zu Tisch bringen.

Tipp

Eine ganze Schweineschulter, hohl ausgelöst, eignet sich hervorragend als Schweinsbraten. Hier gibt's Mageres und Fetteres und vor allem viel Schwarte für die Kruste. Sollte Ihnen das aber zu viel sein (wann kocht man schon für 10 Personen?) ja dann machen's halt weniger.

Nockherberger Krautwickerl

Für das Kraut

1 kleiner Weißkrautkopf

Für die Füllung

100 g Knödelbrot von Brezn oder Semmeln

2 Eier

300 g frische Schwammerl nach Jahreszeit, sauber geputzt

1 Zwiebel, fein gewürfelt

2 Knoblauchzehen, fein gewürfelt

Etwas Fett zum Braten der Schwammerl

400 g Hackfleisch

Salz, Pfeffer und Majoran

1 Prise Curry und etwas Senf

2 EL Petersilie, fein geschnitten

Zum Einwickeln

10 Scheiben geräucherter Bauchspeck

Für die Soße

300 ml Brühe, etwas Butter für den Bräter

200 ml Sahne

200 ml Bratensoße (siehe Rezept Seite 193), zur Not auch aus dem Glas

Zum Binden

Mehlbutter (30 g Mehl und 50 g weiche Butter verknetet)

Zuletzt

2 EL frische, geschnittene Kräuter

1 Kraut vorbereiten: Den Weißkrautkopf vom Strunk befreien und in kochendes Salzwasser geben. Die abfallenden, weich gegarten Blätter herausnehmen und auf einem Tuch gut abtropfen lassen, leicht salzen.

2 Füllung herstellen: Knödelbrot mit Ei weichen. Die Schwammerl etwas klein schneiden und zusammen mit den Zwiebelwürfeln und mit dem Knoblauch in einer Pfanne gut anbraten. Salzen und pfeffern. Etwa die Hälfte der angebratenen Schwammerl (für Soßeneinlage) beiseitestellen. Die restlichen Schwammerl grob hacken.

3 Aus dem Hackfleisch, eingeweichten Knödelbrot und den gehackten Schwammerln eine kompakte Masse herstellen, kräftig abschmecken mit Salz, Pfeffer, Majoran, etwas Senf und einer Prise Curry.

4 Wickerl herstellen: Etwa 2 EL davon auf 1 Krautblatt geben, dieses seitlich einschlagen, zusammenrollen und mit einer Speckscheibe umwickeln.

5 Einen passenden Bräter mit Butter ausstreichen und die Wickerl eng aneinander einsetzen.

6 Mit Brühe angießen und in den auf 170 °C vorgeheizten Backofen schieben. Etwa 20 bis 30 Minuten garen. Fertige Wickerl herausnehmen und warm stellen.

7 Soße: Die Garflüssigkeit in einen Topf umfüllen. Für die Soße die Sahne und die Bratensoße zur Garflüssigkeit geben, auf die gewünschte Menge einkochen und mit der Mehlbutter ganz leicht binden, abschmecken und mit dem Mixstab aufschlagen.

8 Nun die zurückgehaltenen Schwammerl und die Kräuter in die Soße geben. Die Krautwickerl auf der Soße anrichten. Dazu Kartoffelbrei reichen.

Kalbsfilet auf Morchelrahmnudeln

Für das Kalbsfilet

600 g Kalbsfilet ohne Fett und
Sehnen
Salz, Pfeffer
1 EL Butterschmalz
2 Thymianzweige

Für die Nudeln

250 g Nudeln nach Wahl
30 g Butter
Salz, Pfeffer, Muskat

Für die Morchelrahmsoße

60 g Butter
2 Schalotten, fein gewürfelt
1 Knoblauchzehe, fein gewürfelt
100 g frische Morcheln (oder 30 g
getrocknete)
100 ml Rinderkraftbrühe (siehe
Rezept Seite 190)
200 ml Sahne
40 ml Calvados oder Cognac

Für die Garnitur

Kräuter der Jahreszeit

1 Kalbsfilet: Vom Kalbsfilet die Spitze einschlagen und zusammenbinden, würzen mit Salz und Pfeffer. In Butterschmalz von allen Seiten in einer Pfanne anbraten. In den auf 120 °C vorgeheizten Ofen schieben und langsam rosa gar ziehen lassen. Das dauert je nach Stärke des Filets ca. 20 bis 25 Minuten.

2 Nudeln: In reichlich Salzwasser sehr al dente garen, abschütten, ein wenig Nudelwasser aufbewahren. Nudeln in Butter und Nudelwasser schwenken, würzen mit Salz und einer Prise Muskat.

3 Morchelrahm: Von den Morcheln den „Kragen" entfernen, waschen und abtrocknen. Schalotten- und Knoblauchwürfelchen in 20 g Butter anbraten, Morcheln zugeben und kurz mitbraten. Salzen und pfeffern, mit Brühe und Sahne auffüllen, auf cremige Konsistenz einkochen. Mit Calvados abschmecken, Morcheln herausfischen, Soße mit der restlichen Butter mixen, Morcheln zurückgeben.

4 Fertigstellen und anrichten: Nudeln als Nest auf dem Teller anrichten, mit der Morchelrahmsoße übergießen. Kalbsfilet in etwa 1,5 cm dicke Scheiben schneiden und draufsetzen.

Tipp

Nicht nur frische Morcheln sind eine Delikatesse, vor allem aus getrockneten lassen sich hervorragende Gerichte zubereiten. Dieses Gericht schmeckt auch wunderbar mit anderem Fleisch, Wild oder Geflügel. Oder auch ganz OHNE. Hier sind die Morcheln der Star – und die haben bekanntlich ihren Preis.

Rindsrouladen

Für die Rouladen
4 Rindsrouladenschnitzel à 220 g
aus der Oberschale
Salz und Pfeffer

Für die Füllung
2 kleine Zwiebeln, in Streifen
geschnitten
100 g geräucherter Speck, in
Streifen geschnitten
2 Essiggurken, in Streifen geschnitten
2 EL mittelscharfer Senf (Develey)
1 TL Majoran
4 Karottenstifte à ca. 10 cm
4 Selleriestifte à ca. 10 cm

Zum Anbraten
Mehl zum Bestäuben
2 EL Öl

Für die Soße
150 g Röstgemüse (Zwiebeln,
Karotte, Sellerie), gewürfelt ca. 2 cm
1 EL Tomatenmark
1 EL Mehl
250 ml Rotwein
ca. 600 ml Brühe
1 Lorbeerblatt, 2 Nelken,
5 Wacholderbeeren
1 bis 2 EL Aprikosenmarmelade
Balsamicoessig

1 Die Rindsrouladen zwischen Plastikfolie (oder vom Metzger) flach klopfen, salzen und pfeffern.

2 Für die Füllung: Zwiebeln und Speck in etwas Öl gut anbraten. Die Pfanne beiseiteziehen, Gurken, Senf und Majoran hinzufügen. Die Füllung und jeweils einen Karotten- und Selleriestift auf die Rindsrouladen gleichmäßig verteilen. Diese einschlagen, wie ein Paket fest zusammenbinden. Die Rouladen in Mehl wenden und in heißem Öl von allen Seiten hell anbraten, herausnehmen.

3 Die Gemüsewürfel in den Bratensatz streuen, mit Tomatenmark durchrösten, mit etwas Mehl bestäuben und die Gewürze beigeben. Mit der Hälfte des Rotweins ablöschen und diesen völlig einkochen lassen, bis der Röstvorgang erneut beginnt. Vorgang mit restlichem Rotwein wiederholen, erst dann mit Brühe aufgießen.

4 Die Rouladen einlegen und bei mittlerer Hitze etwa 1 Stunde (nach 30 Minuten erste Nadelprobe machen) schmoren lassen. Nach Bedarf Flüssigkeit nachgießen. Wenn die Rouladen weich sind, herausnehmen und warm stellen.

5 Die Soße durch ein Sieb passieren und auf gewünschte Menge einkochen oder auch strecken. Abschmecken mit etwas Senf, einem Spritzer Balsamicoessig und einem Klecks Aprikosenmarmelade.

Tipp

Dazu passt ganz hervorragend Gewürzblaukraut (siehe Rezept Seite 154) und Kartoffel-Apfel-Püree (siehe Rezept Seite 155) oder auch, wie auf dem Foto abgebildet, Meerrettichnockerl (siehe Rezept Seite 167).

Kalbsfilet im Weißwurstmantel

Für das Kalbsfilet
600 g Kalbsfilet, parürt
Salz und Pfeffer

Für den Mantel
250 g Weißwurstbrät vom Metzger
Zitronenabrieb
2 EL Petersilie, grob geschnitten
70 ml Sahne, kalt
30 g Butter
60 g Zwiebel, fein gewürfelt
100 g Brezn vom Vortag – nicht zu hart
70 ml Sahne, heiß

Zum Drehen
40 g Petersilie, nicht zu fein
geschnitten

1 Vorbereiten: Brezn in dünne Scheiben schneiden. Zwiebeln in Butter glasig braten.

2 Weißwurstmantel herstellen: Zwiebeln und heiße Sahne über die Breznscheiben verteilen, kurz durchmengen und abgedeckt 5 Minuten weichen lassen, danach nochmals vermengen und komplett auskühlen. Kalbsbrät mit der kalten Sahne glattrühren, etwas nachschmecken mit Zitronenabrieb. Geweichte Brezn untermischen.

3 Kalbsfilet einwickeln: Weißwurstmantel etwa 1 cm hoch, 20 x 30 cm groß auf Klarsichtfolie verteilen. Kalbsfilet salzen, pfeffern und auf das Brät setzen, zusammenrollen und verschließen. Zur verbesserten Stabilität noch in Alufolie wickeln, gut verschließen. Mit einer Nadel einige Löcher stechen, so dass kein Überdruck entsteht.

4 Kalbsfilet garen: Im Ofen bei niedriger Temperatur 80 bis 100 g etwa 50 bis 70 Minuten garen. Die Kerntemperatur im Fleisch sollte 56 bis 58 °C betragen, dann ist es schön rosa. Ein Thermometer ist hier also unerlässlich.

5 Nach dem Garen das Filet noch mindestens 20 Minuten an einem warmen Ort ruhen lassen, auswickeln und vor dem Anrichten nochmals 10 Minuten bei 160 °C in den Ofen schieben, danach mit Butter bestreichen und in Petersilie drehen.

Tipp

Als elegante Begleitung zu diesem Gericht sehen Sie auf dem Foto einen ausgestochenen, blanchierten Apfel, gefüllt mit Kartoffelpüree. Dieses innovative Schmankerl haben wir zu unserem Titelfoto erkoren, weil einfach bayerisch.

Kalbsleber mit Pfeffersoße und Kartoffel-Birnen-Pflanzerl

Für die Kalbsleber
600 g Kalbsleberscheiben, 0,5 cm dick
2 EL Mehl
20 g Butter
12 Salbeiblätter

Für die Soße
60 g Butter
100 g Schalotten, geschält und
geviertelt
2 EL Puderzucker
1 EL grüne Pfefferkörner in Lake,
leicht zerdrückt

Zum Auffüllen
30 ml Balsamico
200 ml Rotwein
100 ml Portwein
100 ml Orangensaft
200 ml Grundsoße vom Kalb, selbst
gemacht (siehe Rezept Seite 193)
oder aus dem Glas

Für die Kartoffel-Birnen-Pflanzerl
400 g Kartoffeln, geschält
60 g Mehl
30 g Kartoffelstärke
2 Eier
2 Birnen
3 cl Birnenschnaps
1 EL Zucker

Zum Braten
50 g Semmelbrösel
20 g Butter

Zum Würzen
Salz, Pfeffer, Muskat

1 Kalbsleber braten: Kalbsleberscheiben in schäumender Butter etwa 2 Minuten auf jeder Seite braten, Salbeiblätter in derselben Pfanne knusprig mitbraten. Leber und Salbei nach dem Braten salzen und pfeffern.

2 Soße: Schalotten und Puderzucker in 20 g Butter leicht karamellisieren, grüne Pfefferkörner zugeben und sofort mit Balsamicoessig ablöschen, Rotwein, Portwein und Orangensaft zugeben und alles flott auf etwa ¼ einkochen. Kalbsgrundsoße zugeben und das Ganze nochmals etwas einkochen.

3 Vom Feuer nehmen und die restliche kalte Butter einrühren, abschmecken mit Salz und Zucker.

4 Kartoffel-Birnen-Pflanzerl: Birnen schälen, entkernen und in kleine Würfel schneiden, mit Birnenschnaps und Zucker marinieren. Kartoffeln klein schneiden, in Salzwasser kochen, abschütten, gut ausdampfen lassen und mit dem Kartoffelstampfer zerdrücken. Mehl, Kartoffelstärke, Eier und die Birnenwürfel zugeben, würzen mit Salz und Muskat. Alles vermengen. Mit bemehlten Händen etwa 60 g schwere Pflanzerl formen, diese kurz in Semmelbröseln wenden und behutsam in Butter braten.

Tipp

Sie sollten sich bei Ihrem Metzger die Leber gut von Adern und Luftröhren befreien lassen. Die Kartoffel-Birnen-Pflanzerl sind übrigens auch eine nicht alltägliche Beilage für viele andere Schmankerl. Je nach Kartoffelsorte können sie auch mal ein bisserl mehr Mehl für die richtige Stabilität benötigen.

Spanferkelhaxerl mit Senfkörnersoße

Für die Soße

1 EL Senfkörner
1 EL Zucker
1 EL Honig
1 Lorbeerblatt
1 Thymianzweig
100 ml Weißwein
Ca. 400 ml Wasser

Für die Haxerl

4 hintere Spanferkelhaxerl
Salz, Pfeffer
Fett zum Braten
300 g Zwiebeln, grob zerkleinert
2 Knoblauchzehen, fein gehackt
400 ml Bratengrundsoße (siehe
Rezept Seite 193) oder aus dem Glas

1 Zunächst werden die Senfkörner zusammen mit dem Zucker, dem Honig, dem Lorbeerblatt und dem Thymianzweig in dem Weißwein und etwa 200 ml Wasser weich gekocht. Das dauert ca. 35 Minuten. Falls die Flüssigkeit zu schnell reduziert ist, einfach noch etwas Wasser nachgeben.

2 Wenn die Senfkörner so weich sind, dass man sie beißen kann, das Ganze vom Feuer nehmen und noch eine ½ Stunde in der Flüssigkeit belassen. Danach passieren, das Lorbeerblatt und den Thymianzweig entfernen und die Senfkörner sowie die Flüssigkeit gesondert beiseitestellen.

3 Die Spanferkelhaxerl werden gesalzen, gepfeffert, mit dem Knoblauch eingerieben und mit der Schnittseite nach unten in eine gefettete Bratreine auf die grob zerkleinerten Zwiebeln gesetzt. Nun die Haxerl bei ca. 180 °C im Ofen etwa 1 Stunde braten. (Das Haxerl ist gar, wenn sich der kleine Knochen leicht herausdrehen lässt.) Dabei hin und wieder mit der Flüssigkeit, in der die Senfkörner gekocht wurden, bepinseln.

4 Wenn die Haxerl gar sind, aus der Reine nehmen und warm stellen. Den Zwiebel-Braten-Saft mit der Bratenjus und eventuell noch etwas Wasser auffüllen und das Ganze noch weitere 10 Minuten köcheln lassen, danach passieren und auf die gewünschte Menge einkochen. Senfkörner dazugeben und abschmecken.

5 Vor dem Servieren sollten die Haxerl nochmal für mindestens 10 Minuten bei 210 °C in den Ofen, um auch wirklich eine schöne Kruste zu erhalten. Als Beilage sehen Sie auf dem Foto Romanescogemüse und einen Wolpertinger-Knödel (Näheres zum Wolpertinger-Knödel finden Sie auf Seite 165).

Tipp

Lassen Sie die Haxerl ruhig 45 Minuten nach dem Braten ruhen. So haben Sie genügend Zeit, Soße und Beilagen herzustellen.

Kalbstafelspitz mit Kartoffelsoße und Orangen-Karotten-Gemüse

Für den Kalbstafelspitz

1 kg Kalbstafelspitz etwa 2 Stück
1 gespickte Zwiebel mit
1 Lorbeerblatt und 2 Nelken
1,5 l Wasser
200 g Kartoffeln, geschält

Für die Soße

250 ml Sahne
50 g Butter
1 EL scharfer Senf
2 EL Meerrettich aus dem Glas
Frisch geschabter Meerrettich

Für das Orangen-Karotten-Gemüse

500 g Karotten
50 g Zwiebeln, fein gewürfelt
50 g Butter
200 ml Orangensaft
2 EL Zucker
1 EL Ingwer, fein geschnitten
Salz
2 Orangen

1 Kalbstafelspitz: Waschen und von dicken Sehne befreien, Fett keinesfalls wegschneiden, falls kein Fett gewünscht ist, kann man das immer noch nach dem Garen entfernen. Fleisch in einem Schnellkochtopf zusammen mit gespickter Zwiebel und Kartoffeln in der genannten Wassermenge ca. 30 Minuten weich garen. Fleisch aus dem Sud nehmen und warm halten, gespickte Zwiebel entfernen.

2 Soße: Kalbsbrühe auf etwa 0,75 Liter (Kartoffeln bleibt drin) einkochen. Sahne und Butter zugeben und das Ganze fein mixen, so dass eine sämige Soße entsteht. Ggf. die Soße fein passieren, abschmecken mit Salz, Pfeffer, etwas Senf und Meerrettich.

3 Orangen-Karotten-Gemüse: Schale (nicht die weiße) der Orangen abreiben und als Würze beiseitestellen. Orangen schälen und filetieren. Karotten schälen und in etwa 0,5 cm dicke Scheiben schneiden. Zwiebelwürfel in der Hälfte der Butter andünsten, Karotten zugeben und mit etwa der Hälfte des Orangensafts auffüllen, Salz, Zucker, Ingwer zugeben. Karotten unter ständiger Orangensaftzugabe, bei Mehrbedarf Wasser, ca. 5 Minuten nicht zu weich garen. Abschmecken mit etwas Orangenabrieb. Zuletzt noch restliche Butter und die Orangenfilets einschwenken.

4 Anrichten: Tafelspitz gegen die Faser in Scheiben schneiden, salzen und mit der Soße überziehen, Gemüse anlegen. Mit frisch geschabtem Meerrettich vollenden.

Tipp

Wenn Sie keinen Schnellkochtopf besitzen, geht's selbstverständlich auch ohne, natürlich dauert's dann länger, etwa dreimal so lang, und Sie benötigen mehr Wasser. Sollte Ihr Metzger Ihnen keinen Tafelspitz vom Kalb anbieten können, nehmen Sie einfach ein Stück aus der Kalbsschulter.

Spanferkel mit pikanten Apfelkücherln

Für das Spanferkel

1 kg Spanferkelrücken
Salz, Pfeffer und Kümmel
2 Knoblauchzehen, geschält
und zerkleinert
2 kleine Zwiebeln, grob gewürfelt
30 g Fett zum Braten
150 ml Weißbier
500 ml Bratengrundsoße
(siehe Rezept Seite 193)
Fett zum Braten

Für die Apfelkücherl

2 Äpfel, geschält, entkernt
und geviertelt
150 g Mehl
150 ml Weißbier
1 Eigelb
Salz, Pfeffer aus der Mühle
1 TL Zucker
1 TL Kümmel
Chiliflocken
1 TL frischer Thymian
2 Eiweiß, steif geschlagen
Fett zum Ausbacken

1 Spanferkelripperl: Den Ofen auf 190 °C vorheizen. Den Spanferkelrücken mit Kümmel, Salz, Pfeffer und Knoblauch einreiben. Zusammen mit den Zwiebeln in eine gefettete Bratreine legen und in den Ofen schieben. Während der Garzeit von 40 bis 60 Minuten öfter mit Weißbier übergießen. Nach etwa der Hälfte der Bratzeit die Schwarte so einschneiden, dass man schöne Scheiben schneiden kann. Den fertigen Spanferkelrücken aus der Reine nehmen und für etwa 20 Minuten an einem warmen Ort ruhen lassen.

2 Für die Soße den Bratensatz mit dem restlichen Weißbier sowie der Bratensoße lösen, aufkochen, passieren und auf die gewünschte Menge einkochen, abschmecken.

3 Apfelkücherl: Aus Mehl, Weißbier, Eigelb, Salz, Zucker, Kümmel, Thymian und Chili einen glatten Teig rühren. Eischnee vorsichtig unterheben. Die Apfelviertel in Mehl wenden, durch den Teig ziehen und in heißem Fett 3 bis 4 Minuten schwimmend ausbacken. Mit Küchenpapier Fett abtupfen.

4 Den Spanferkelrücken vor dem Servieren nochmals im Ofen auf einem Gitter bei 210 °C etwa 10 Minuten nachkrusten. Danach aufschneiden und mit den Apfelkücherln und der Soße anrichten.

Tipp

Dazu passen Gemüse aller Art. Auf unserem Foto ist auch noch ein kleiner Kartoffelknödel dabei. Selbstverständlich können Sie auch Schulter oder Keule vom Spanferkel so zubereiten. Die pikanten Apfelkücherl eignen sich auch hervorragend zu anderen Fleisch-, Geflügel- und vor allem Wildgerichten als fruchtig-pikante teigige Beilage.

Kalbskotelett „Bavaria blue"

Für die Soße

1 Zwiebel, gewürfelt
30 g Butter
200 ml Brühe
200 ml Sahne
Pfeffer aus der Mühle

Für die Koteletts

4 Kalbskoteletts à 250 bis 300 g
1 EL Pflanzenöl
Salz
100 ml Weißwein
100 g Bavaria-blue-Käse, in kleinen Stücken
2 EL Minze, fein geschnitten

1 Die Zwiebel in heißer Butter anschwitzen. Mit Brühe und einem Teil Sahne aufgießen. Mit Pfeffer würzen und so lange köcheln, bis die Zwiebeln weich sind.

2 Koteletts leicht klopfen, salzen und pfeffern. In heißem Öl von beiden Seiten anbraten, danach in der Pfanne im Ofen bei 120 °C langsam fertig garen. Das wird 10 bis 15 Minuten dauern. Die fertigen saftigen – noch ganz leicht rosafarbene Koteletts aus der Pfanne nehmen und kurz warm stellen.

3 Das Fett aus der Pfanne abgießen und den Bratensatz mit Weißwein ablöschen und diesen zur Soße gießen.

4 Bavaria-blue-Käse in kleinen Stückchen und restliche Sahne einrühren. Aufmixen und nochmals abschmecken. Die Soße sollte keinesfalls zu dick sein. Zuletzt die fein geschnittene Minze zugeben.

Tipp

Eine sehr würzige Soße, die auch zu Nudeln schmeckt. Auf dem Foto sehen Sie das Kalbskotelett in Bavaria-blue-Soße, angerichtet mit Spinat und Graupenrisotto (siehe Rezept Seite 161) und einer ausgehöhlten, pochierten Birne.

Lammripperl auf Pfefferminzbohnen

Für die Lammripperl

800 g Lammrücken mit Rippen-
knochen
Salz, Pfeffer
2 Knoblauchzehen, fein gewürfelt
2 EL scharfer Senf
2 EL Olivenöl

Für die Pfefferminzbohnen

500 g grüne Bohnen
30 g Butter
4 Tomaten, geschält, entkernt und
gewürfelt
1 Zwiebel, fein gewürfelt
50 g Speck, fein gewürfelt
3 EL frische Minze, in Streifen
geschnitten

Für die Soße

100 ml Rotwein
100 ml Bratengrundsoße für Kalb
(siehe Rezept Seite 193) oder aus
dem Glas
30 g kalte Butter

1 Lamm: Lammrücken salzen, pfeffern, mit Senf und Knoblauch einreiben, in Olivenöl von allen Seiten anbraten. Im Ofen bei 100 bis 120 °C behutsam rosa garen, je nach Fleischstärke und -konsistenz dauert das 20 bis 30 Minuten. Wenn Sie ein Fleischthermometer besitzen: 56 °C im Kern ist zu empfehlen. Lamm aus der Pfanne holen und 5 Minuten ruhen lassen.

2 Soße: Bratensatz mit Rotwein lösen und stark einkochen, Bratengrundsoße zugeben, kurz aufkochen und vom Feuer nehmen, die Butter nach und nach einschwenken.

3 Pfefferminzbohnen: Bohnen putzen, ggf. Fäden ziehen, in Salzwasser blanchieren und in Eis- bzw. sehr kaltem Wasser abschrecken. Speck und Zwiebelwürfel in Butter braten, Bohnen zugeben, salzen und kräftig pfeffern. Zuletzt Tomatenwürfel und Pfefferminzstreifen einschwenken.

4 Fertigstellen und anrichten: Fleisch nochmals für ca. 5 Minuten in den auf 180 °C vorgeheizten Ofen schieben. Danach den Rücken in Ripperl (Kotelettes) schneiden und auf den Pfefferminzbohnen anrichten, etwas Soße angießen.

Tipp

Dazu passen natürlich Kartoffeln aller Art. Nun, bei Lamm werden Sie nicht von jedem Begeisterungsstürme erwarten dürfen.
Der Genuss hängt natürlich in hohem Maße mit der Qualität des Fleisches zusammen. Aber in dieser Rezeptempfehlung mit den Pfefferminzbohnen können Sie vielleicht doch den ein oder anderen dafür begeistern – nur Mut!

„Ochs an der Schnur"

750 g Ochsen- oder Rinderfilet
1 l ungesalzene Rinderkraftbrühe
(siehe Rezept Seite 190)
300 g Gemüsestreifen (z.B. Karotten,
Sellerie, Kohlrabi, Lauch, Zucchini)
120 g Butter
100 g Crème fraîche
1 EL Meerrettich aus dem Glas
Frisch geschabter Meerrettich
Salz und Pfeffer
1 Bund Schnittlauch
Fleur de Sel

1 Das Filet binden und bei milder Hitze in etwa 20 bis 25 Minuten in der Brühe rosa gar ziehen lassen. Herausnehmen und mindestens 20 Minuten an einem warmen Ort ruhen lassen.

2 In der Zwischenzeit die Gemüsestreifen in der Brühe knackig garen, herausnehmen und warm stellen.

3 Den Sud flott auf 200 ml einkochen und dann die Butter mit dem Mixstab einrühren, bis eine sämige glatte Soße entsteht. Darauf achten, dass die Soße nun nicht mehr kocht. Mit Crème fraîche und Meerrettich verfeinern. Salzen, pfeffern und nochmals kräftig aufmixen.

4 Das Filet mit einem scharfen Messer in Tranchen schneiden, mit den Gemüsestreifen und der Soße anrichten. Den Schnittlauch in Röllchen schneiden und drüberstreuen; mit frisch geschabtem Meerrettich und Fleur de Sel vollenden.

Tipp

Auf dem Foto sehen Sie den „Ochs an der Schnur" mit einem Markknödel (siehe Rezept Seite 166) auf einem Markknochen. Salzkartoffeln passen genauso gut.

Warum das Gericht „Ochs an der Schnur" heißt? Früher wurde das Filet an eine Schnur gebunden, wenn es aus den riesigen Suppentöpfen nebst Hühnern, Enten etc. schnell wieder herausgefischt werden musste.

Eine echte Alternative zum sonst so üblichen gebratenen Filet. Bei uns auch ein beliebtes Gericht für Hochzeiten – der Braut gefällt der Titel so gut! Ob sie wohl das Manko vom Ochsen kennt?

Rinderfilet im Festtagsgewand

Für das Rinderfilet
900 g Rinderfilet, schlank

Für das Festtagsgewand
30 g Butter
100 g kleine Zwiebel, fein gewürfelt
100 g getrocknete Feigen
100 g Speck, fein gewürfelt
250 g Schwammerl nach Jahreszeit, zerkleinert
300 g Kalbsbrät (vom Metzger)
100 ml Sahne
Cognac

Zum Würzen
Salz, Pfeffer, Muskat

Für die Soße
2 EL Zucker
3 EL Balsamico
250 ml Rotwein
150 ml Portwein
300 ml Bratengrundsoße für Kalb (siehe Rezept Seite 193)
60 g Butter, kalt

1 Vorbereiten: Rinderfilet von Häuten und Sehnen befreien. Getrocknete Feigen in reichlich Wasser 3 Minuten kochen, in kaltem Wasser abschrecken, Stiel entfernen und in ca. 0,5 cm große Würfel schneiden.

2 Speck, Zwiebeln und Schwammerl in Butter anbraten, abkühlen lassen.

3 Festtagsgewand herstellen: Kalbsbrät mit Sahne verrühren, abschmecken mit Salz, Pfeffer und reichlich Cognac. Speck-Zwiebel-Champignons-Einlage und gewürfelte Feigen unterheben.

4 Filet einwickeln: Masse etwa 1 cm hoch, 20 x 30 cm auf Klarsichtfolie verteilen. Rinderfilet salzen, pfeffern und auf dem Brät platzieren, zusammenrollen und verschließen. Zur verbesserten Stabilität noch in Alufolie wickeln, gut verschließen. Mit einer Nadel einige Löcher stechen so dass kein Überdruck entsteht.

5 Filet garen: Im Ofen bei niedriger Temperatur 100 bis 120 °C etwa 50 bis 60 Minuten garen. Die Kerntemperatur im Fleisch sollte 56 °C betragen. Ein Fleischthermometer ist also hier unerlässlich. Nach dem Garen das Filet noch mindestens 20 Minuten an einem warmen Ort ruhen lassen, auswickeln und vor dem Anrichten nochmals 10 Minuten bei 160 °C in den Ofen schieben.

6 Soße: Zucker leicht karamellisieren, mit Balsamico ablöschen, auffüllen mit Rot- und Portwein. Fast komplett einkochen. Bratengrundsoße dazugeben und die kalte Butter einschwenken. Abschmecken nach eigenem Gusto.

7 Fertigstellen und anrichten: Filet mit einem sehr scharfen Messer in etwa 1,5 cm dicke Tranchen schneiden und auf der Soße mit feiner Begleitung (siehe Foto) anrichten.

Tipp

Ein attraktives Festtagsgericht, das sich wunderbar vorbereiten lässt und Ihre Gäste sicherlich beeindrucken wird. Statt Rinderfilet können Sie auch Kalbsfilet oder einen Hirschrücken „schön anziehen".

Fleischpflanzerl auf jungem Gemüse

Für die Fleischpflanzerl

1 kleine Zwiebel, gewürfelt
1 Knoblauchzehe, fein gewürfelt
150 g Schwammerl der Saison,
sauber geputzt
50 g Butter
600 g Hackfleisch, halb Schwein,
halb Kalb, nicht zu mager
100 g Knödelbrot
3 Eier

Zum Würzen

80 g gekochtes, etwas gehacktes
Sauerkraut
1 TL Meerrettich
1 TL Senf (Develey)
Salz, Pfeffer, Currypulver, Majoran
2 EL geschnittene Blattpetersilie

Zum Braten

3 EL Butterschmalz

Für das Gemüse

200 g junge Karotten
1 kleiner Kohlrabi
500 g Spargel, weiß, falls erhältlich
300 g Kartoffeln
50 g Butter
Salz, Zucker,
Balsamicoessig weiß
3 EL frische Kräuter nach eigenem
Gusto

1 Fleischpflanzerl: Zwiebel- und Knoblauchwürfel in Butter gut andünsten, Schwammerl kurz mitbraten, salzen und pfeffern. Alles flott abkühlen. Danach grob hacken, ca. 0,5 cm, und zusammen mit dem Knödelbrot, den Eiern, dem Sauerkraut, Meerrettich, Senf, Salz, Pfeffer, Curry, Majoran und der Petersilie zum Hackfleisch geben, alles gut vermengen, abschmecken.

2 Kleine, etwa 60 bis 80 g schwere Pflanzerl formen, in Butterschmalz behutsam braten.

3 Gemüse: Karotten behutsam schälen und knackig garen. Kohlrabi schälen, halbieren und garen, danach in Blättchen schneiden. Spargel großzügig schälen und bissfest garen. Kartoffeln schälen, in Blättchen schneiden und garen. Alle Gemüse und die Kartoffeln in Butter mit Salz und Zucker glasieren, mit einem Schuss Balsamicoessig abschmecken. Zuletzt die frischen Kräuter einschwenken.

4 Fertigstellen und anrichten: Fleischpflanzerl auf dem bunten Gemüse anrichten.

Tipp

Selbstverständlich können Sie auch andere Gemüsesorten verwenden oder die Pflanzerl klassisch bayerisch mit Kartoffelsalat auf den Tisch bringen, es passt alles. Die Pflanzerl sind der Star – auch solo.

Übrigens: Sie sollten ruhig gleich eine größere Menge Pflanzerl zubereiten, klein und flach abdrehen und auf einem geölten Teller einfrieren, so haben Sie immer „einen Mann – pardon – ein Pfanzerl für alle Fälle".

Und noch was: Wundern Sie sich nicht über das Sauerkraut und die Schwammerl in den Pflanzerln. Genau das bringt's!

„Feige Sau"

Für die Schweinefilets
8 Schweinefiletmedaillons
à 60 bis 80 g
200 ml Bratengrundsoße (siehe
Rezept Seite 193) oder aus dem Glas
Etwas Öl zum Braten
50 g Butter

Zum Würzen
Salz, gestoßener Pfeffer
Scharfer Senf, Balsamico

Für die Feigen
4 frische Feigen
200 ml roter Portwein
200 ml Rotwein
80 g Zucker
1/2 Sternanis

Für die Beilagen
500 g Kartoffelpüree
400 g Sauerkraut, sehr weich gegart
4 Scheiben Speck

1 Feigen mit einem Spieß leicht anpieksen, damit der Portwein-geschmack besser eindringen kann.

2 Portwein, Rotwein, Zucker und Sternanis aufkochen und die Feigen damit übergießen. Mindestens 30 Minuten ziehen lassen.

3 Schweinefiletmedaillons würzen mit Salz und gestoßenem Pfeffer, in wenig Öl langsam braten. Aus der Pfanne nehmen, mit scharfem Senf bestreichen und warm stellen. Pfanne mit etwa 200 ml vom Feigen-Portwein-Sud ablöschen, reduzieren und mit der Bratenjus verkochen. Mit kalter Butter leicht binden und mit einem Spritzer Balsamico abschmecken. Speckscheiben halbieren und knusprig braten.

4 Fertigstellen und anrichten: Schweinefilet auf Sauerkraut und Speck platzieren, Feigen halbieren und auf das Fleisch setzen. Mit Kartoffelpüree und Soße fertigstellen.

Tipp

Ach ja, bitte keine Missverständnisse bezüglich des Titels aufkommen lassen. Dies ist kein Gericht für „Feiglinge" am Herd – im Gegenteil!

Fasanenbrust mit Kastanienpüree

Für das Kastanienpüree
300 g Kastanien, geschält
100 g Kartoffeln, geschält, zerkleinert
100 g Sellerie, geschält, zerkleinert
250 ml Milch
150 ml Sahne
30 g Zucker
1 Schuss Kirschwasser

Für die Fasanenbrust
4 Fasanenbrüstchen à 100 g
(ohne Knochen)
Salz und frisch gemahlener Pfeffer
20 g Butterschmalz

Für die Soße
1 Schuss Essig
50 ml Weißwein
200 ml Geflügelgrundsoße
(siehe Rezept Seite 192),
ersatzweise fertiger Fond
60 g kalte Butterwürfel
1 Prise Thymian

1 Kastanien, Kartoffeln und Sellerie in Milch, Sahne, Zucker und einer Prise Salz etwa 25 Minuten – abgedeckt – weich kochen lassen. Die Flüssigkeit soll dabei stark einkochen, also bitte aufpassen, dass nix anbrennt. Mit dem Kartoffelstampfer zu einem feinen Püree verarbeiten. Mit Salz, Pfeffer und Kirschwasser abschmecken und bis zum Gebrauch warm stellen.

2 Fasanenbrüstchen mit Salz und Pfeffer würzen und in Butterschmalz von beiden Seiten anbraten. In den Ofen schieben und langsam etwa 10 bis 15 Minuten bei 120 °C fertig braten.

3 Die gegarten Brüstchen aus der Pfanne nehmen und warm stellen. Den Bratensatz mit einem Schuss Essig und einem Schuss Weißwein ablöschen. Die Geflügelsoße zugießen und durchkochen. Zuletzt die kalten Butterwürfel einrühren, nicht mehr kochen lassen.

4 Soße abschmecken und durch ein Sieb passieren. Etwas Thymian beigeben. Dazu passt hervorragend ein feines Weinsauerkraut.

Tipp

Fasanenfleisch ist leider gern etwas trocken. Aus diesem Grund sollte es langsam, bei geringer Temperatur und keinesfalls zu lange gegart werden. Heutzutage sind fast ausschließlich gezüchtete Fasane auf dem Markt, Sie werden wahrscheinlich vergeblich nach Schrotkugeln suchen. Ich finde, das ist gut – und schlecht!

Gefüllte Entenbrust

Für die Entenbrust

4 Barbarie-Entenbrüste à ca. 200 g
Salz und Pfeffer
Fett zum Braten
4 Holzspießchen

Für die Füllung

2 Schalotten, fein gewürfelt
200 g frische Steinpilze
(oder andere Pilze der Saison),
geputzt und klein geschnitten
2 EL Olivenöl
Knoblauch, fein gewürfelt
2 EL Petersilie, fein geschnitten
25 g Pumpernickel, gebröselt
3 Eidotter

Für die Soße

1 Spritzer Essig
300 ml Geflügelgrundsoße
(siehe Rezept Seite 192) oder
aus dem Glas
50 g kalte Butter

1 Den Ofen auf 180 °C vorheizen. Die Entenbrüste von Sehnen befreien. Am dicken Längsende der Brüste ca. 2 cm breite und 8 cm tiefe Taschen einschneiden. Salzen und pfeffern.

2 Schalotten- und Knoblauchwürfel und die Steinpilze in Olivenöl anbraten. Salzen, pfeffern. Den Pfanneninhalt leicht abkühlen lassen und mit der Petersilie, den Pumpernickelbröseln und den Eidottern vermengen. Die Masse mit Hilfe eines Spritzsacks in die Entenbrüste füllen und mit Holzspießchen fest verschließen.

3 Die Entenbrüste in einer Pfanne von beiden Seiten anbraten und dann mit der Hautseite nach unten in den Ofen schieben und 8 bis 10 Minuten rosa braten.

4 Die Entenbrüste aus der Pfanne nehmen und an einem warmen Ort mindestens 10 Minuten ruhen lassen.

5 Überflüssiges Bratfett aus der Pfanne abgießen, mit einem Spritzer Essig den Pfannensatz ablöschen, mit der Geflügelgrundsoße verkochen. Die Soße passieren und mit kalter Butter binden, nochmals abschmecken.

6 Die Entenbrüste mit einem scharfen Messer quer zur Faser aufschneiden und auf der Soße anrichten.

Tipp

Als Beilage (siehe Foto) passen Topfennockerl (siehe Rezept Seite 168). Verlangen Sie männliche Entenbrüste, die sind größer (ja – die Natur ist nicht überall gleich!) und für diese Zubereitungsart geeigneter.

Perlhuhnbrüstchen mit Zitronennudeln

Für die Perlhuhnbrüstchen
4 Perlhuhnbrüstchen à 160 g
Salz und Pfeffer
1 EL Butterschmalz

Für die Soße
80 g Butter
1 Zwiebel, fein gewürfelt
100 ml Weißwein
400 ml Sahne
Saft und Abrieb von 1 ungespritzten
Zitrone
1 Prise Zucker

Für die Nudeln
250 g Bandnudeln
300 g Gemüsestreifen (Kohlrabi,
Karotten, Zucchini), knackig gegart
2 EL Zitronenmelisse, fein geschnitten

1 Den Ofen auf 120 °C vorheizen. Die Perlhuhnbrüstchen salzen und pfeffern. Mit etwas Butterschmalz in einer Pfanne anbraten und in den Ofen schieben. Die Brüstchen sollten nach 15 bis 20 Minuten bei 120 °C gar sein. Aus dem Ofen nehmen und warm stellen.

2 Einen Teil Butter in die Pfanne gleiten lassen und darin die Zwiebelwürfel glasig andünsten. Mit Weißwein ablöschen und mit Sahne aufgießen. Das Ganze bei starker Hitze auf die Hälfte einkochen lassen. Mit Salz, Pfeffer, Zucker Zitronenschale und etwas Zitronensaft abschmecken. Die Soße mit dem Mixstab kräftig aufschäumen.

3 Bandnudeln in reichlich Salzwasser sehr al dente kochen. Die Bandnudeln sowie die Gemüsestreifen in der restlichen Butter schwenken, salzen, Zitronenmelisse untermengen.

4 Die Gemüsenudeln auf vorgewärmte Teller verteilen und mit Zitronensoße überziehen. Die Perlhuhnbrüstchen obenaufsetzen.

Tipp

Mit der Zitronenschale nicht zu sparsam umgehen, denn genau darin steckt der ganze Geschmack. Übrigens: Die Zitronennudeln schmecken auch herrlich zu Fisch oder unisono.

Hirschlachs mit Gewürzzwiebeln

Für die Gewürzzwiebeln
4 rote Zwiebeln, geviertelt
500 ml Rotwein
60 g Zucker
40 ml Balsamicoessig
1 Lorbeerblatt
1 Zweig Rosmarin
1 Knoblauchzehe, zerdrückt

Für den Hirschlachs
2 kg Hirschrücken
Öl zum Braten

Für die Soße
300 g Röstgemüse (Sellerie,
Zwiebel, Karotte)
1 EL Tomatenmark
1/4 Orange, ungeschält, zerkleinert
1/2 Apfel, ungeschält, zerkleinert
1,5 l Brühe
Salz und Pfeffer
50 ml Sahne
1 EL Preiselbeeren
50 g Butter

1 Die Zwiebeln in Rotwein, Balsamico, Zucker, dem Lorbeerblatt, Knoblauch und Rosmarin so lange kochen, bis die Flüssigkeit fast ganz verdampft ist und die Zwiebeln weich sind. Salzen.

2 Den Hirschrücken auslösen, das Fleisch von Häuten und Sehnen befreien. Die Knochen klein hacken und in Öl zusammen mit den Gemüsewürfeln kräftig anbraten. Das Tomatenmark unter kräftigem Rühren mitrösten. Orangen- und Apfelwürfel beigeben. Das Ganze mit Brühe auffüllen, salzen und pfeffern. Etwa 2 Stunden köcheln lassen, dabei öfter abschäumen und nach Bedarf noch etwas Flüssigkeit nachgießen.

3 Die Soße durch ein Sieb passieren und auf 400 ml einkochen lassen. Mit Sahne, Preiselbeeren und Butter verfeinern. Den Ofen auf 200 °C vorheizen.

4 Das ausgelöste Hirschrückenfleisch salzen, pfeffern und in einer Pfanne anbraten. Danach im Ofen bei 100 °C rosa garen. Die Kerntemperatur sollte 56 °C betragen, ein Fleischthermometer ist hier sehr hilfreich. Das Fleisch aufschneiden und zusammen mit der Soße auf den Gewürzzwiebeln anrichten.

Tipp

Dazu passen z.B. „Grüne Knödel" (siehe Rezept Seite 141). Die Gewürzzwiebeln schmecken auch zu anderen Wild-, Geflügel- oder Schweinefleischgerichten.

Die Bezeichnung „Lachs" findet gerne Verwendung, wenn ein Produkt – meistens der Rücken – besonders hochwertig und frei von allem Drumherum ist – quasi pur und vom Feinsten.

Die Ente

Für die Ente
2,5 kg Ente, bratfertig

Für die Füllung
1 Apfel, gewaschen, mit Schale, geviertelt
3 Gemüsezwiebeln, gewaschen, mit Schale, geviertelt
1/2 Orange

Zum Würzen
Salz, Pfeffer, Majoran
Balsamicoessig

Für die Soße
600 ml Geflügelgrundsoße (siehe Rezept Seite 192) oder aus dem Glas
200 ml Portwein

1 Vorbereiten: Ente von Flügel und Innereien, (brauchen wir für die Soße) befreien, waschen und trocknen. Innen und außen kräftig würzen mit Salz und Pfeffer. Apfel und 2 geviertelte Zwiebeln in etwas Fett anbraten, mit Majoran würzen und die Ente damit füllen. Mit der halben Orange „zustöpseln". Die Keulen zusammenbinden.

2 Ente braten: Ofen auf 180 °C vorheizen, Ente hineinschieben und auf 130 °C Heißluft zurückschalten. Die vorbereitete Ente auf den restlichen Zwiebeln sowie auf die Flügel und Innereien setzen. Etwa 2 Stunden bei 120 °C garen. Zunächst auf die Brust und nach gut einer Stunde auf den Rücken legen. Wenn die Ente gar ist, aus dem Ofen nehmen, sie hat jetzt noch keine Farbe! Die Ente jetzt mindestens 40 Minuten ruhen bzw. etwas abkühlen lassen.

3 Für die Soße den Ofen auf 220 °C hochdrehen. Während die Ente ruht, die Soße fertigstellen. Die Entenknochen in der Bratreine mit Portwein ablöschen, Geflügelgrundsoße zugeben und das Ganze noch etwa 30 Minuten im Ofen bei starker Hitze 220 °C auskochen. Ggf. noch Wasser zugießen, anschließend die Soße passieren, Fett abschöpfen!!! Evtl. wieder etwas einkochen, abschmecken mit einem Schuss Balsamicoessig.

4 Fertigstellen: Ente in 4, 6 oder 8 Stücke teilen, in einem passenden Reindl wieder zusammensetzen, einen Fingerbreit Wasser angießen und bei starker Oberhitze 230 °C im Ofen etwa 15 Minuten bräunen, erst jetzt entsteht die begehrte Kruste. Am besten im Reindl zu Tisch bringen. Die Soße reichen wir separat – jeder nimmt sich am Tisch, was er mag.

Tipp

Der Trick ist, die Ente bei wenig Hitze schonend zu garen, das hält das Fleisch saftig. Dann etwas abkühlen lassen, damit sie sich leichter aufschneiden lässt. Erst kurz vor dem Servieren bei starker Hitze wieder in den Ofen geben – dann haben Sie eine saftige, heiße, knusprige Ente. Und Sie sind immer noch völlig relaxt. Mit der Gans geht das genauso – natürlich dauert die ein bisserl länger.

Rehfilet und Rehfleischpflanzerl

Für den Rehrücken

1 Rehrücken von ca. 2 kg

Für die Rehfleischpflanzerl

250 g Fleischabschnitte vom
Rehrücken, gut gekühlt
250 g Schweinefleisch, möglichst fett
2 Schalotten, fein gewürfelt
60 g Knödelbrot
2 Eier
Salz und Pfeffer
1 TL Senf (Develey)
1 TL Meerrettich aus dem Glas
1 TL Preiselbeeren
1 cm frischer Ingwer, ganz fein
gehackt
4 EL Petersilie, fein geschnitten

Zum Braten

60 g Butter

Für die Soße

400 ml Wildsoße (siehe Rezept
Seite 191) oder aus dem Glas
50 ml Rotwein
50 ml Sahne
50 g Butter

1 Den Rehrücken auslösen und die Rehfilets kalt stellen. Die Knochen klein hacken und eine Grundsoße für Wild (siehe Rezept Seite 191) herstellen. Den Ofen auf 200 °C vorheizen.

2 Für die Rehfleischpflanzerl Reh- und Schweinefleisch durch die 2 mm dicke Scheibe des Fleischwolfs drehen. Die Schalotten in ca. 20 g Butter glasig dünsten. Das Hackfleisch mit Knödelbrot, Eiern, Salz und Pfeffer, Schalotten, Senf, Meerrettich, Preiselbeeren, Ingwer und Petersilie vermengen – pikant abschmecken.

3 Kleine Pflanzerl formen und diese in Butter behutsam braten.

4 Die Rehfilets von allen Seiten anbraten und im Ofen noch 8 bis 10 Minuten bei 130 °C rosa garen. Herausnehmen und an einem warmen Ort 5 Minuten ruhen lassen.

5 Den Bratensatz mit Rotwein ablöschen und mit der fertigen Wildsoße verkochen. Mit Sahne verfeinern und durch ein Sieb passieren. Zuletzt die Butter einrühren und die Soße abschmecken.

6 Das Rehfilet in Scheiben schneiden und mit den Pflanzerln und der Soße servieren.

Tipp

Sicherlich gibt's da ein bisserl was zu tun, aber optimaler kann man den gesamten Rehrücken nicht verarbeiten. So kriegen Sie auch ein paar Leute mehr satt – und alle haben Rehrücken gegessen.

Die kalt gerührten Preiselbeeren (siehe Rezept Seite 167) möchte ich Ihnen dazu besonders empfehlen, ansonsten die „üblichen Verdächtigen" zu Wild.

Rehrücken mit Lebkuchenkruste

Für die Lebkuchenkruste

120 g Butter
70 g Lebkuchen, gerieben
30 g Walnüsse, gerieben
1 Msp. Lebkuchengewürz
Geriebene Schale einer ungespritzten
1/2 Orange
Frisch gemahlener Pfeffer
1 Spritzer Zitronensaft

Für den Rehrücken

1 Rehrücken von 1,6 bis 2 kg
Salz
Einige Wacholderbeeren, zerdrückt
Öl zum Braten
2 Zwiebeln, grob gewürfelt
2 EL Honig

Für die Soße

1 Schuss Rotwein
1 Spritzer Essig
400 ml Wildsoße (siehe Rezept
Seite 191), ersatzweise fertiger Fond
50 ml Sahne

1 Den Ofen auf 220 °C vorheizen. Für die Lebkuchenkruste die Butter schaumig schlagen und alle Zutaten – einschließlich Zitronensaft – untermengen.

2 Den Rehrücken von Häuten und Sehnen befreien, am Knochen etwas einschneiden sowie mit den Gewürzen und dem Öl einreiben. Den Boden des Bräters einölen und mit den Zwiebelwürfeln auslegen. Den Rehrücken daraufsetzen und in den Ofen schieben.

3 Den Rehrücken nach etwa 8 Minuten herausnehmen. Zuerst mit Honig einstreichen, dann mit der Lebkuchenmasse überziehen. Erneut für etwa 8 Minuten bei 220 °C in den Ofen schieben.

4 Sobald die Kruste schön braun ist, das Fleisch aber noch rosa, den Rehrücken herausnehmen und warm stellen.

5 Die Bratreine auf den Ofen stellen und den Bratensatz mit Rotwein und Essig loskochen. Die Wildsoße zugießen und das Ganze etwa 5 Minuten köcheln lassen. Die Soße durch ein Sieb passieren und mit Sahne verfeinern. Nochmals abschmecken und die Soße mit dem Mixstab aufschäumen.

Tipp

Den Rehrücken am Tisch tranchieren, aber vorsichtig – wegen der Lebkuchenkruste. Dazu passen Wirsing à la crème und Kartoffel-Birnen-Gratin (siehe Rezepte auf den Seiten 169 und 157).

Sollte Ihnen der Aufwand mit dem ganzen Rehrücken zu groß sein, besteht die Möglichkeit, Rehmedaillons, ausgelöst und geschnitten vom Rücken, mit der Lebkuchenmasse zu überbacken. Eine tolle Sache für festliche Tage.

Hasenfilet mit Haselnusskruste und Bratapfelsalat

Für das Wildhasenfilet

600 g Wildhasenfilet ohne Sehnen
Salz, Pfeffer, scharfer Senf

Für die Panade

3 EL Mehl
2 Eier
2 Eigelb
50 g Semmelbrösel
50 g Haselnüsse, gehobelt

Zum Ausbacken

50 g Butterschmalz

Für den Bratapfelsalat

40 g Rosinen
100 ml Rotwein
2 rotschalige Äpfel
20 g Butter
20 g Zucker
Zimt
Saft einer ½ Zitrone
1 EL Honig
100 g Blattsalate der Saison
150 g gekochte Kartoffelscheiben

Für das Dressing

50 ml Apfelsaft
Ca. 30 ml Balsamico
50 ml Öl
50 ml Walnussöl
1 EL Honig
Salz, Pfeffer
1 TL scharfer Senf

1 Vorbereiten: Ei und Eigelb verrühren, gehobelte Haselnüsse und Semmelbrösel vermischen. Rosinen in Rotwein kochen, bis dieser völlig verkocht ist.

2 Wildhasenfilet: In 2 bis 3 Medaillons à 50 bis 70 g schneiden, mit scharfem Senf einstreichen, salzen und pfeffern. In der Mehl-Ei-Eigelb-Semmelbrösel-Haselnuss-Mischung panieren, fest andrücken. In Butterschmalz bei geringer Hitze ausbacken.

3 Dressing: Apfelsaft, Salz, Pfeffer, Senf, Honig, Balsamicoessig, Öle und Walnussöl gut verrühren, oder in einem verschließbaren Glas kräftig schütteln, sodass ein homogenes Dressing entsteht. Abschmecken.

4 Bratapfelsalat: Apfel waschen, vierteln, Kerngehäuse entfernen und in Spalten schneiden. Die Spalten in Butter braten, mit Zucker, Zimt und Zitronensaft würzen. Leicht abkühlen und dann Honig und Rotweinrosinen zugeben. Geputzten und trocken geschleuderten Blattsalat mit dem Dressing anmachen.

5 Kartoffelscheiben: In wenig Fett knusprig braten, salzen. Anrichten: Bratapfelspalten mit Kartoffeln und angemachten Blattsalaten anrichten. Fleisch anlegen.

Tipp

Ein modernes Wildgericht, das prima schmeckt, schnell zuzubereiten ist und das Sie unbedingt mal probieren sollten. Wenn Sie kein „Hasenfan" sind, ich bin es übrigens schon! Es geht auch mit Reh oder Hirsch oder Wildschwein. Und wenn Sie gar kein Wildfan sind – na ja, vielleicht werden Sie nach diesem Gericht einer.

Wildschweinsteak mit Holunder

Für die Wildschweinsteaks

4 Wildschweinsteaks vom
Rücken à 180 g
2 EL Pflanzenöl
Salz, Pfeffer aus der Mühle

Für die Soße

50 ml Sherry
80 ml Holunderbeersaft
300 ml Wildsoße (siehe Rezept
Seite 191), ersatzweise fertiger Fond
60 g Butter
Balsamicoessig

1 Die Wildschweinsteaks etwas klopfen, mit Salz und reichlich Pfeffer aus der Mühle würzen. In Öl von beiden Seiten anbraten, die Hitze zurückdrehen und fertig braten. Herausnehmen und warm stellen.

2 Den Bratensatz mit Sherry ablöschen. Holunderbeersaft und Wildsoße zugießen und einige Minuten köcheln lassen. Butter einschwenken Nach Bedarf nachsalzen, und -pfeffern und mit einem Spritzer Balsamicoessig abrunden.

3 Die Wildschweinsteaks auf vorgewärmte Teller verteilen und mit der Soße überziehen.

Tipp

Dazu passen besonders, wie auf dem Foto zu sehen ist, Holunderspätzle (siehe Rezept Seite 158) und Kastanien-Krautwickerl (siehe Rezept Seite 162).

Bitte wundern Sie sich nicht, Wildschweinrücken kann oft etwas fester im Biss sein. Etwas besser klopfen und zärtlich braten hilft.

Hirschbraten

Für den Braten
1500 g Hirschschlegel oder -schulter
30 g Pflanzenfett oder -öl
Salz, Pfeffer, Mehl zum Wenden

Für die Soße
2 kleine Zwiebeln
2 Karotten
150 g Sellerie
100 g Räucherspeckabschnitte
2 Knoblauchzehen mit Schale,
zerdrückt
1/2 Apfel
1/4 Orange

Zum Würzen
3 Lorbeerblätter
Je 1/2 TL Senfkörner, Pfefferkörner,
Thymian
3 Nelken
20 Wacholderbeeren, zerdrückt
1 EL Tomatenmark
500 ml Rotwein
2 l Wild- oder Rinderkraftbrühe

Zum Binden
1 EL Weizenstärke

Zum Fertigstellen
Senf, Meerrettich, Preiselbeeren, Gin
0,3 l Sahne

1 Vorbereiten: Zwiebeln schälen und etwas zerkleinern, Karotten und Sellerie waschen und ebenfalls klein schneiden.

2 Braten ansetzen: Hirschfleisch ggf. zusammenbinden, salzen und pfeffern. In reichlich Mehl wenden und in nicht zu heißem Fett von allen Seiten anbraten. Fleisch aus dem Topf nehmen, Zwiebeln, Karotten, Sellerie, Apfel, Knoblauch, Speckabschnitte zugeben und alles gut anbraten, Wildgewürze und Tomatenmark kurz mitbraten.

3 Das Ganze ablöschen mit der Hälfte Rotwein, gesamte Flüssigkeit wieder einkochen, bis der Röstvorgang von Neuem beginnt. Nochmals mit restlichem Rotwein ablöschen und wieder einkochen. Nun mit Brühe oder Wildfond auffüllen. Orange zugeben.

4 Das angebratene Hirschfleisch und den Soßenansatz in einen passenden Topf geben und leise köchelnd garen. Je nach Reifegrad des Fleisches dauert das 1½ bis 2½ Stunden, bis das Fleisch mürbe ist. Im Schnellkochtopf geht es in einem Drittel der Zeit, also etwa 40 Minuten. Wenn das Fleisch schön mürbe ist, aus der Soße nehmen und warm stellen. Soße passieren und auf die gewünschte Menge einkochen.

5 Soße mit angerührter Weizenstärke leicht binden und mit Preiselbeeren, etwas Senf, Meerrettich und Gin abschmecken. Sahne beigeben und Soße glatt mixen.

Tipp

Machen Sie den Braten ruhig schon tags zuvor, kalt lässt er sich besser schneiden, und durchs Wiedererwärmen in der Soße verliert er nicht an Qualität – im Gegenteil! Beilagenempfehlung: Omas Teigknödel wie auf dem Foto (siehe Rezept Seite 163). Dieses Hirschbratenrezept können Sie auch für andere Wildbraten einsetzen. Ein Schnellkochtopf ist hier, wie für alle Schmorgerichte, die eine lange Garzeit haben, ideal. Sie brauchen dann im Übrigen auch viel weniger Flüssigkeit, weil ja alles im Topf bleibt.

Rehrostbraten mit Brombeersoße

Für den Rostbraten

500 g Rehfleisch aus der Keule
2 EL Öl zum Braten

Für die Soße

2 EL Puderzucker
200 ml Portwein
200 ml Rotwein
200 ml Wildgrundsoße (siehe Rezept
Seite 191) oder aus dem Glas
100 g Brombeeren (auch TK möglich)
50 g kalte Butterwürfel

Für die Reherl (Pfifferlinge)

200 g Reherl, geputzt
1 Schalotte, fein gewürfelt
1 Knoblauchzehen, fein gehackt
2 EL Blattpetersilie, fein geschnitten
2 EL Olivenöl

Zum Würzen

Salz, Pfeffer, Zucker, Thymian

1 Rostbraten: Rehfleisch ggf. von Sehnen und Häuten befreien, in etwa 60 g schwere Schnitzel schneiden. Diese ca. 0,5 cm dick zwischen Plastikfolie klopfen, würzen mit Salz, Pfeffer und Thymian. In heißem Öl etwa 1 Minute auf jeder Seite rosa braten. Fleisch aus der Pfanne nehmen und warm stellen.

2 Brombeersoße: Zucker karamellisieren lassen, mit Balsamico ablöschen, mit Portwein und Rotwein auffüllen und alles sirupartig einkochen lassen, Wildsoße zugeben und die kalte Butter nach und nach zur Bindung einschwenken. Brombeeren halbieren und zugeben, Soße abschmecken mit Salz, Pfeffer, ggf. etwas Zucker und noch einem Spritzer Essig.

3 Reherl in Olivenöl mit Knoblauch und Schalottenwürfel kurz anbraten, max. 1 Minute. Würzen mit Salz und Pfeffer, Petersilie untermischen.

Tipp

Rehrostbraten? Mittlerweile gibt es auch im Einzelhandel frisch oder tiefgekühlt exzellente Angebote an bratfertigem Wildfleisch, was Ihnen (und mir) solche Gerichte ermöglicht. Das geht schnell und schmeckt.

Wildfleisch ist ein echtes Naturprodukt, sehr gesund und fettarm. Außerdem ist es längst ganzjährig verfügbar – es sollte viel häufiger auf den Tisch kommen als nur an kalten Festtagen. Statt Reherl können Sie auch andere Pilze verwenden oder sie auch ganz weglassen.

Rehgeschnetzeltes mit Knödelrösti

Für die Soße
20 g Butter
100 g Schalotten oder Zwiebel,
in feine Würfel geschnitten
250 ml Weißwein trocken
150 g Champignons, in Scheiben
geschnitten
250 ml Wild- oder Kalbssoße
(siehe Rezepte Seite 191 und
Seite 193) oder aus dem Glas
250 ml Sahne
Ca. 3 cl Cognac
1 TL frisch gezupfter Thymian

Zum Binden
1 TL Weizenstärke
60 g Butter

Für das Geschnetzelte
500 g Rehfleisch aus Keule oder
Rücken (ohne Fett und Sehnen)
2 EL Pflanzenöl

Für die Knödelrösti
300 g Kartoffelknödel, gekocht,
vom Vortag, kalt
300 g Pellkartoffeln, geschält,
vom Vortag
100 g Speck, fein gewürfelt
100 g Zwiebeln, fein gewürfelt
1 EL Butterschmalz

Zum Würzen
Salz, Pfeffer, Zucker

1 Vorbereiten: Rehfleisch in dünne Blättchen schneiden.

2 Soße: Schalottenwürfel in 20 g Butter gut anbraten, ablöschen mit Weißwein, auffüllen mit Sahne und Wild- bzw. Kalbsfond. Das Ganze etwas einkochen. Fleisch-Champignon-Saft zugeben und die Soße mit etwas in Wasser angerührter Weizenstärke ganz leicht binden, abschmecken mit Salz, Pfeffer, einer Prise Zucker und Cognac nach eigenem Gusto. Zuletzt die Butter einmixen.

3 Geschnetzeltes: Rehfleisch salzen und pfeffern, in einer ausreichend großen Pfanne in wenig Öl scharf, max. 1 Minute braten, Champignons zugeben, leicht salzen, einmal durchschwenken und sofort aus der Pfanne nehmen. Mit frischem Thymian bestreuen.

4 Soße in die Bratpfanne geben, einmal aufkochen, vom Feuer nehmen und gebratenes Rehfleisch und Champignons einschwenken. Nicht mehr kochen.

5 Knödelrösti: Kartoffelknödel und Pellkartoffeln mit Röstiraffel grob reiben. Speck und Zwiebeln in Butterschmalz anbraten, Geriebene Knödel und Kartoffel zugeben, kurz durchschwenken und dann eine Seite knusprig braten. Mit dem Pfannenwender grobflächig wenden, fertigbraten. Das Rösti soll knusprig sein und trotzdem noch Soße saugen können.

6 Fertigstellen und anrichten: Rehgeschnetzeltes und Knödelrösti auf Tellern anrichten oder beides separat auf den Tisch bringen.

Tipp

Wild times – aber ganz zärtlich! Die Ähnlichkeit zum Züricher Geschnetzelten ist unverkennbar und gewollt.

Brezn-Parmesan-Knödel auf Rahmgemüse

Für die Brezn-Parmesan-Knödel
300 g Breznknödelbrot, etwa 4 Brezn
1 kleine Zwiebel, fein geschnitten
50 g Butter
150 ml Milch
3 Eier
1 EL Mehl

Für die Einlage
80 g Sauerkraut, ausgedrückt
100 g Parmesan, frisch gerieben
2 EL geschnittene Blattpetersilie
20 g trocken geröstete Sonnenblumenkerne
Salz, Pfeffer, Muskatnuss

Zum Kochen
2 EL Weizenstärke

Für das Gemüse
200 g Karotten, geschält
200 g Sellerie, geschält
200 g Gelbe Rüben, geschält
200 g Typisches nach Jahreszeit

Für die Mehlbutter
80 g Butter
40 g Mehl

Für die Soße
200 ml Sahne
800 ml vom Gemüsesud

Zuletzt
50 g Parmesan am Stück

1 Brezn-Parmesan-Knödel: Zwiebelwürfel in Butter braten, bis sie beginnen Farbe zu nehmen. Breznknödelbrot mit heißer Milch weichen, würzen mit Salz, Pfeffer und Muskat. Eier, Zwiebeln, Parmesan, Petersilie, Sauerkraut und geröstete Sonnenblumenkerne untermengen. Einen festen Knödelteig herstellen.
Mit feuchten Händen (warmes Wasser) Knödel in gewünschter Größe formen. Knödel in leicht mit Stärke gebundenem Salzwasser 20 Minuten garen.

2 Das Gemüse in mundgerechte Stücke schneiden, in Salzwasser garen, abseihen und beiseitestellen. Mehl und weiche Butter zu einer Mehlbutter verkneten. 800 ml Gemüsesud mit Sahne aufkochen und mit der erforderlichen Menge Mehlbutter binden, würzen mit Salz und Pfeffer. Soße 3 Minuten unter ständigem Rühren kochen lassen, danach glatt mixen und das Gemüse einschwenken. Nochmals kosten. Das Gemüse soll sehr soßig sein – das brauchen wir für die Knödel.

3 Fertigstellen und anrichten: Knödel auf dem Rahmgemüse anrichten und frischen Parmesan drüberhobeln.

Tipp

Variieren Sie die Gemüsesorten nach Ihrem Gusto, also danach, was Sie im Kühlschrank haben, und natürlich nach der Jahreszeit – ich sag nur: Spargel, Bohnen, Kürbis, Kraut.

Garen Sie das Gemüse in wenig Wasser, dann wird der Sud intensiver – und die Soße auch.

G'röste Reherl mit Ei

600 g Reherl, geputzt
2 EL Olivenöl
80 g Butter
2 Schalotten, fein gewürfelt
2 Knoblauchzehen, fein gewürfelt
Salz und Pfeffer
8 Eier
1 Bund Petersilie, grob gehackt
4 Scheiben Bauernbrot

1 Die Reherl nach dem Putzen ganz kurz waschen und gut abtrocknen. In einer größeren Pfanne das Olivenöl erhitzen. Die Reherl einstreuen und nur ganz kurz, aber scharf rösten; herausnehmen.

2 In den Bratensatz 50 g Butter gleiten lassen und darin die Schalotten- und Knoblauchwürfel glasig andünsten. Die Reherl wieder zugeben, salzen und pfeffern. Die Eier darüberschlagen und das Ganze vorsichtig vermengen. Die Petersilie unterheben und nach Bedarf nochmals würzen.

3 Die Brotscheiben mit der restlichen Butter in der Pfanne von beiden Seiten kurz bräunen. Die Reherl auf dem Brot anrichten.

Tipp

Als Vorspeise oder auch als Hauptsache ein echtes und beliebtes fleischloses Schmankerl.

Wenn Sie die Möglichkeit haben, die gewaschenen Reherl für eine Weile an die Sonne zu legen, so sollten Sie dies unbedingt tun. Die Pilze trocknen schön ab und lassen sich besser braten.

Feigenwickerl auf Gorgonzolagemüse

Für den Kartoffelteig

400 g Pellkartoffel geschält, vom Vortag
200 g Quark, leicht ausgedrückt
1 Ei
3 Eigelb
60 g Mehl
Salz, Muskat

Für die Füllung

120 g Zwiebeln, fein gewürfelt
120 g getrocknete Feigen
200 g Champignons, in dünne Scheiben geschnitten

Zum Einwickeln

Klarsicht- und Alufolie

Für das Gorgonzolagemüse

100 Schalotten, geviertelt
200 Karotten, in Scheiben
100 g Wirsing, in breite Streifen geschnitten
100 g Sellerie, in Stückerl geschnitten
100 g junge Maiskolben
200 g Broccoli, in Röschen
50 g Butter
250 ml Sahne
100 g Gorgonzola, zerkleinert

Zum Würzen

Salz, Pfeffer aus der Mühle, Zucker, Muskat

Zum Braten

50 g Butter

1 Kartoffelteig: Kartoffeln durch die Kartoffelpresse drücken, mit ausgedrücktem Quark, Mehl, Ei, Eigelb, Salz und Muskat einen geschmeidigen Teig herstellen.

2 Feigenwickerlfüllung: Getrocknete Feigen in Wasser 5 Minuten kochen, danach abkühlen, Stiel entfernen und in etwa 0,5 cm große Würfel schneiden. Zwiebeln und Champignonscheiben in Butter gut braten, Feigen zugeben, salzen, kräftig pfeffern (frisch aus der Mühle).

3 Wickerl herstellen: Kartoffelteig auf Klarsichtfolie etwa 1 cm hoch 30 x 40 cm ausrollen. Darauf die Feigenmasse gleichmäßig verteilen. Zusammenrollen und eine Schnecke formen, zur verbesserten Stabilität noch in Alufolie wickeln. Im Wasserbad 30 bis 40 Minuten leicht kochend garen, danach abkühlen lassen. Auswickeln und in 1 cm dicke Scheiben schneiden.

4 Gorgonzolagemüse: Gemüse der Reihe nach in Salzwasser blanchieren. Schalotten in Butter anschwitzen, Sahne zugeben und kurz einkochen lassen. Gemüse zugeben, leicht würzen mit Salz etwas Zucker und Muskat. Zuletzt Gorgonzola untermengen. Das Gemüse sollte leicht soßig sein. Evtl. noch etwas Gemüsebrühe angießen.

5 Fertigstellen und anrichten: Feigenwickerl in Butter leicht warm braten und auf dem Gemüse anrichten.

Tipp

Auch andere Gemüsesorten sind selbstverständlich möglich. Je nach Hersteller und Reifegrad des Käses kann davon mehr oder weniger erforderlich sein. Die Feigenwickerl sind auch eine raffinierte Beilage zu (fast) „allem".

Rahmschwammerl und grüne Knödel

Für die Rahmschwammerl

600 g Schwammerl der Saison, geputzt

2 Schalotten, fein gewürfelt

2 Knoblauchzehen, fein gewürfelt

100 g Butter

500 ml helle Rinder- oder Geflügelbrühe

150 ml Weißwein

250 ml Sahne

Salz und Pfeffer

1 EL Mehl

Für die grünen Knödel

50 g frische Kräuter (Petersilie, Kerbel, Basilikum, Liebstöckel etc.), grob zerkleinert

50 g Spinat, gewaschen

125 ml Wasser

400 g Semmeln, entrindet

150 ml Sahne

Salz und Pfeffer

Muskat

1 kleine Zwiebel, fein gewürfelt

50 g Butter

3 Eier

1 Schwammerl nach Bedarf etwas zerkleinern. Schalotten- und Knoblauchwürfel in der Hälfte der Butter anschwitzen. Mehl zugeben und kurz mitrösten. Unter ständigem Rühren mit Brühe, Weißwein und Sahne aufgießen. Salzen und pfeffern. Etwa 10 Minuten zu einer cremigen Soße kochen und mit dem Mixstab aufschlagen. Die Schwammerl in der restlichen Butter andünsten. Salzen und pfeffern, unter die fertige Soße mischen und kurz aufkochen lassen. Fertig abschmecken.

2 Die Kräuter für die Knödel sowie den Spinat 2 Sekunden in kochendem Wasser blanchieren und sofort in Eiswasser abschrecken. Anschließend im Küchenmixer mit 125 ml Wasser fein pürieren. Die „weißen" Semmeln in feine Scheiben schneiden. Die Sahne erhitzen, darübergießen und mit Salz, Pfeffer und Muskat pikant würzen. Die Zwiebel in heißer Butter glasig dünsten.

3 Die geweichten Semmelscheiben mit der grünen Soße, den angeschwitzten Zwiebeln und den Eiern vermengen. Mit feuchten Händen kleine Knödel formen und diese in siedendes Salzwasser legen. Ca. 5 Minuten kochen und weitere 10 Minuten gar ziehen lassen. Sofort servieren!

Tipp

Dies ist eigentlich ein echter Schwammerleintopf. Sollten Sie kein so großer Knödelfan sein, die Rahmschwammerl schmecken auch prima mit Nudeln, verfeinern Sie dann aber die Soße mit vielen frischen Kräutern, vor allem Petersilie.

Die grünen Knödel passen nicht nur hervorragend zu Pilzgerichten, sondern auch zu Geflügelgerichten, Wild, Braten oder als Suppeneinlage. Unbedingt sofort servieren, denn sonst is nix mehr mit grün!

Spargel mit Basilikum-Hollandaise

Für den Spargel

2 kg Spargel, geschält und holzige Enden großzügig abgeschnitten

1,5 l Wasser

100 g Butter

2 EL Salz

2 EL Zucker

Für die Soße

250 g Butter

3 Eidotter

5 EL Weißwein

Etwas Zitronensaft

Salz und eine Prise Cayennepfeffer

1 Bund frisches Basilikum, in Streifen geschnitten

1 Einen passenden Topf mit Wasser und unter Zugabe von Butter, Salz und Zucker zum Kochen aufstellen. Spargel einlegen, einmal aufkochen, vom Feuer nehmen und etwa 30 Minuten gar ziehen lassen. Der Spargel muss noch bissfest sein.

2 Die Butter klären und durch ein Sieb gießen. Die Eidotter mit Weißwein, Zitronensaft, Salz und Cayennepfeffer über einem warmen Wasserbad cremig aufschlagen. Vom Feuer nehmen. Anschließend die geklärte, noch gut warme Butter tropfenweise unterrühren. Zuletzt die Basilikumstreifen beigeben.

3 Die gegarten Spargelstangen auf einem Tuch kurz abtropfen lassen und auf vorgewärmten Tellern anrichten. Mit der Soße überziehen. Dazu gibt's natürlich Kartoffeln.

Tipp

Eine Sauce Hollandaise ist nicht „sooo" schwer zuzubereiten, wenn man einige Regeln beachtet. Die Eidotter kräftig aufschlagen, dabei ggf. immer wieder kurz vom Feuer nehmen. Die Butter anfangs sehr langsam in die aufgeschlagene Creme rühren.

Die Eimasse und die geklärte Butter sollten möglichst die gleiche Temperatur haben. Rechtzeitig herstellen und an einem warmen Ort aufbewahren. Aus dem Spargelsud bereiten Sie eine feine Suppe – oder?

Gefüllter Kohlrabi mit Weißbierrisotto

Für die Kohlrabi
4 junge, nicht zu große Kohlrabi

Für den Risotto
200 g Risottoreis
1 Gemüsezwiebel, fein gewürfelt
1 Karotte, nicht zu fein gewürfelt
2 EL Olivenöl
200 ml Weißbier
200 ml Weißwein
200 ml Brühe
200 g vom „Kohlrabifleisch"
80 g Butter
40 g Parmesan
Salz, Pfeffer
1 EL junge Kohlrabiblätter, fein geschnitten
2 EL Petersilie, fein geschnitten

1 Kohlrabi vorbereiten: Vom Kohlrabi etwa einen 1,5 cm hohen Deckel mit der Schale abschneiden, junge Blätter beiseitelegen. Restlichen Kohlrabi schälen und mit Hilfe eines kleinen Parisienne-Ausstechers oder auch eines kleinen Löffels etwas aushöhlen. Das Kohlrabifleisch für den Risotto ggf. noch etwas zerkleinern.

2 Ausgehöhlten Kohlrabikörper in Salzwasser bissfest garen. Kohlrabideckel, er dient nur als Dekoration, ebenfalls kurz garen und schnell abkühlen, damit er seine Farbe behält.

3 Risotto ansetzen: Zwiebelwürfel in Olivenöl anbraten, Risottoreis zugeben und kurz mitbraten. Kohlrabifleisch und Karottenwürfel zugeben. Nach und nach und unter ständigem Rühren Weißbier, Weißwein und Gemüsebrühe zugeben, bis alles aufgebraucht ist. Ggf. kann auch noch mehr Flüssigkeit erforderlich sein. Salzen und pfeffern. Zuletzt Butter und Parmesan einrühren. Der Risotto soll bissfest und richtig cremig sein. Jetzt noch die Kohlrabiblätter und die Petersilie unterrühren.

4 Anrichten: Den Weißbierrisotto in den erwärmten Kohlrabikörper füllen und den Kohlrabideckel draufsetzen.

Tipp

Wenn Sie sich die Arbeit mit dem Aushöhlen des Kohlrabis nicht machen möchten, kein Problem! Der Risotto schmeckt auch ohne dass Sie es so attraktiv, wie Sie es auf dem Foto sehen, gestalten.

Rote-Bete-Schnitzel in der Gewürzkruste mit Meerrettich-Joghurt-Soße

Für die Rote Bete

2 Rote Bete, gekocht und geschält
2 TL scharfer Senf (Löwensenf)
2 EL Balsamicoessig
Salz, Pfeffer

Für die Gewürzkruste

2 EL Kürbiskerne, etwas zerstoßen
2 EL Sonnenblumenkerne
2 EL Sesam
1 TL Kümmel, ganz
$1/2$ TL Anissamen, ganz
50 g Semmelbrösel
50 g Mehl
2 Eier
1 Eigelb

Zum Braten

60 g Butterschmalz

Für die Meerrettich-Joghurt-Soße

150 g Joghurt
150 g Sauerrahm
50 g Apfelmus
2 EL Olivenöl
30 g Meerrettich aus dem Glas
Zitronensaft
Salz und frisch gemahlener Pfeffer
1 EL frisch geriebener Meerrettich

1 Vorbereiten: Zerstoßene Kürbiskerne, Sonnenblumenkerne, Sesam, Kümmel und Anissamen mit Semmelbröseln vermengen. Eier und Eigelb miteinander verrühren.

2 Rote-Bete-Schnitzel: Rote Bete in etwa 0,5 cm dicke Scheiben schneiden, mit Balsamicoessig beträufeln, salzen, pfeffern und auf einer Seite mit Senf einstreichen. Panieren, in Mehl wenden. Durch das Eigemisch ziehen und anschließend in der Gewürzkruste wenden, vorsichtig andrücken. Danach in Butterschmalz von beiden Seiten nicht zu heiß braten.

3 Meerrettich-Joghurt-Soße: Joghurt, Sauerrahm, Apfelmus, Olivenöl und Meerrettich verrühren, würzen mit frisch gemahlenem Pfeffer, Zitronensaft und einer Prise Salz.

4 Fertigstellen und anrichten: Rote-Bete-Schnitzel auf Meerrettich-Joghurt-Soße anrichten. Frischen Meerrettich darüberreiben.

Tipp

Am besten Einweghandschuhe verwenden und über das Arbeitsbrett eine Klarsichtfolie spannen, bevor Sie die Roten Bete bearbeiten. Warum, wissen Sie.

Gemüsegröstl mit Kartoffelquark

Für das Gemüse

300 g Blumenkohl, gewaschen, in kleine Röschen geteilt und in Salzwasser blanchiert

2 Zucchini, gewaschen und in 0,5 cm dicke Scheiben geschnitten

1 Aubergine, gewaschen und in 0,5 cm dicke Scheiben geschnitten

2 Paprikaschoten, gewaschen, entkernt und in große Stücke geschnitten

200 g Steinpilze, geputzt und in 0,5 cm dicke Scheiben geschnitten

1 Knoblauchzehe, fein gewürfelt

50 ml Olivenöl

Für den Kartoffelquark

500 g Pellkartoffeln, gekocht, geschält, noch heiß

300 g Quark

100 ml Sauerrahm

100 ml Joghurt

Zitronensaft

3 EL frische, gehackte Kräuter

Salz und Pfeffer, Currypulver, Chili

1 Blumenkohl, Zucchini, Aubergine und Paprika salzen, pfeffern und leicht mit Curry würzen. Die Steinpilze mit Salz, Pfeffer und Knoblauch würzen. Das Gemüse der Reihe nach in Olivenöl anbraten und aus der Pfanne nehmen.

2 Pellkartoffeln mit der Gabel zerdrücken, salzen und pfeffern. Quark, Sauerrahm und Joghurt glatt rühren. Mit Zitronensaft, Curry, Chili, Salz und Pfeffer pikant abschmecken. Mit zerdrückten Kartoffeln und den frischen Kräuter unter die Quarkmischung heben.

Tipp

Die hier angegebenen Gemüse sind natürlich nur ein Vorschlag! Bei Ihrer Zusammenstellung halten Sie sich am besten an das Marktangebot bzw. verwenden, was in Ihrem Garten wächst.

Schweizer Reiberdatschi mit Apfelsalat

Für die Reiberdatschi

800 g Kartoffeln, roh geschält
Ca. 50 g Sauerrahm
1 kleine Zwiebel
Ca. 150 g Appenzeller oder Tilsiter, fein gerieben
100 g Karotten, fein geraspelt
Salz, Pfeffer, Muskat

Zum Ausbacken

60 g Butterschmalz

Für den Apfelsalat

200 g verschiedene Blattsalate der Jahreszeit
10 Radieserl
2 Äpfel (Gala, Jonathan, Pink Lady)
50 ml Weißwein
Etwas Zitronensaft
50 g Zucker
1 Prise Zimt

Für die Marinade

50 ml Apfelsaft
1 EL Senf, mittelscharf
30 ml Apfelessig
80 ml Pflanzenöl, neutral
1 Knoblauchzehe, fein gehackt
Salz, Pfeffer, Zucker

1 Reiberdatschi: Kartoffeln grob raspeln und sofort den Sauerrahm untermengen. Zwiebel fein reiben und unterrühren, Karotten und Käse zugeben. Würzen mit Salz, kräftig Pfeffer und Muskat. Knusprige Datschi in gewünschter Größe, in nicht zu wenig Butterschmalz ausbacken.

2 Apfelsalat: Äpfel schälen, vierteln, entkernen und in Spalten schneiden, diese mit Zitronensaft beträufeln. In Weißwein mit Zucker und einer kleinen Prise Zimt knackig dünsten, warm halten. Blattsalate waschen und trocken schleudern, Radieserl in Scheiben schneiden.

3 Marinade: Apfelsaft (von den gedünsteten Äpfeln) mit Essig, Senf, Knoblauch, Salz, Pfeffer, Zucker und Öl kräftig aufschlagen, abschmecken.

4 Fertigstellen und anrichten: Blattsalate mit dem Dressing anmachen und hübsch auf dem Teller arrangieren. Mit Radieserlscheiben, diese zuvor leicht salzen, garnieren, knusprige Reiberdatschi anlegen.

Tipp

Fleischloses, das schmeckt und glücklich macht. Meine Frau ist Schweizerin – daher weiß ich das.

Topfennockerl mit gebratenem Fenchel und Orangensoße

Für die Topfennockerl

500 g Pellkartoffeln vom Vortag
250 g Topfenquark, leicht ausgedrückt
1 Ei
3 Eigelb
80 g Mehl
Salz, Muskat

Zum Binden

1 EL Kartoffelstärke

Für den Fenchel

2 Fenchelknollen
Olivenöl
Salz, Pfeffer, Chili, weißer Balsamico

Für die Orangensoße

200 ml Orangensaft
200 ml Weißwein
200 ml Gemüsebrühe
50 g Butter
1 TL scharfer Senf
Orangenabrieb

Für die Garnitur

Orangenfilets von 2 Orangen, Fenchelgrün
100 g frisch gehobelter Parmesan

1 Topfennockerl: Kartoffeln durch die Kartoffelpresse drücken, mit ausgedrücktem Topfen, Mehl, Eiern, Eigelb vermengen. Mit Salz und Muskat abschmecken.

2 Salzwasser leicht mit Stärke abziehen und darin die Nockerl „einstechen." Ca. 20 Minuten ziehen lassen. Vorsichtig aus dem Wasser heben, abtropfen lassen.

3 Fenchel waschen, braune Teile wegschneiden. Fenchelgrün beiseitelegen. Fenchel mit der Wurzel in etwa 0,5 cm dicke Scheiben schneiden. In Olivenöl 1 bis 2 Minuten auf jeder Seite braten. Würzen mit Salz, Pfeffer, Chili und einem Spritzer weißem Balsamico.

4 Orangensoße: Orangensaft mit der Gemüsebrühe auf etwa die Hälfte einkochen, ganz leicht mit angerührter Stärke mischen, zuletzt die Butter einrühren und mit Salz, Pfeffer, Orangenabrieb und scharfem Senf abschmecken.

5 Fertigstellen und anrichten: Gebratenen Fenchel auf dem Teller ausbreiten, Topfennockerl darauf platzieren und das Ganze mit Orangensoße überziehen. Parmesan darüberhobeln, garnieren mit Orangenfilets und Fenchelgrün.

Tipp

Eines meiner Fleischlosglücklichlieblingsgerichte!

Brezngugelhupf

Für den Gugelhupf
400 g altbackene Brezn, in
ca. 2 x 2 cm große Würfel geschnitten
500 ml heiße Milch
1 Zwiebel, fein gewürfelt
60 g Butter
2 EL Petersilie, nicht zu fein
geschnitten
4 Eier, getrennt
Salz und frisch gemahlener Pfeffer

Für die Form
Butter und Mehl

1 Die Breznwürfel mit der heißen Milch überbrühen und zugedeckt ruhen lassen. Die Zwiebelwürfel in heißer Butter glasig dünsten.

2 Den Ofen auf 160 °C vorheizen. Die Gugelhupfform ausbuttern und mit Mehl ausklopfen.

3 Die eingeweichten Brezn und Semmeln mit den Zwiebelwürfeln, der Petersilie und dem Eigelb vermengen. Leicht salzen und pfeffern.

4 Das Eiweiß zu Schnee schlagen, eine Hälfte unterrühren und die andere Hälfte unterheben. Die Brezenmasse in die vorbereitete Gugelhupfform dreiviertel hoch einfüllen und in den vorgeheizten Ofen schieben.

5 Die Backzeit beträgt 30 bis 40 Minuten bei 160 °C. Anschließend 10 Minuten ruhen lassen und erst dann aus der Form stürzen.

Tipp

Der Brezngugelhupf – am besten im Ganzen serviert – ist sicher eine Beilage, die Aufsehen erregt. Passend zu allen Gerichten, zu denen Sie vielleicht Nudeln, Knödel oder Spätzle servieren würden.

Oder lassen Sie ihn einfach mal die Hauptrolle spielen – mit einem Schwammerl- oder Gemüseragout. Und sollte einmal etwas vom Gugelhupf übrig bleiben (was ich nicht glaube), so schneiden Sie diesen in Scheiben In schäumender Butter von beiden Seiten leicht gebraten schmeckt er mindestens genauso gut.

Gewürzblaukraut

Für das Blaukraut

1,25 kg Blaukraut, äußere Blätter
entfernt, geviertelt
1 große Zwiebel, in Streifen
geschnitten
80 g Enten- oder Schweinefett
250 ml Brühe

Für die Marinade

Salz und Pfeffer
Zucker
Essig
250 ml Orangensaft
40 g Preiselbeerkompott
125 ml Rotwein
1 Prise Zimt
Abgeriebene Schale einer
ungespritzten 1/2 Orange
100 g Apfelmus
1 Lorbeerblatt
2 Nelken

1 Das Blaukraut in nicht allzu feine Streifen schneiden. Die Marinadezutaten verrühren, mit dem Kraut vermengen, abdecken und mindestens einen Tag marinieren.

2 Die Zwiebel im Fett glasig dünsten und das marinierte Kraut hinzufügen. Die Brühe eingießen und das Ganze etwa 1 Stunde schmoren lassen. Wenn nötig, nochmals Flüssigkeit nachgeben und nachwürzen. Falls gewünscht, mit etwas angerührter Weizenstärke leicht binden.

Tipp

Durch das Marinieren des Blaukrauts erreichen Sie einen milden, aber doch herzhaft süßsauren Kontrast. Die Farbe wird dadurch auch intensiver.

Das Blaukraut lässt sich prima bis zu 10 Tage im Kühlschrank aufbewahren bzw. auch einfrieren. So können Sie ruhig die doppelte oder dreifache Menge herstellen.

Kartoffel-Apfel-Püree

Für die Kartoffeln

800 g Kartoffeln, geschält und
zerkleinert
300 ml Milch
80 g Butter
Salz
Muskat

Für die Äpfel

2 bis 3 Äpfel (gerne Boskop oder
Braeburn), geschält, entkernt und
grob gewürfelt
30 g Butter
2 bis 3 EL Zucker
Etwas Zitronensaft
100 ml Weißwein

1 Die Kartoffeln in wenig Salzwasser gar kochen, abgießen und durch die Kartoffelpresse drücken. Die Milch erwärmen und zusammen mit der Butter mit einem Holzlöffel unter die Kartoffeln rühren. Mit Salz und Muskat würzen.

2 Die Äpfel in Butter mit Zucker, Zitronensaft und Weißwein bissfest garen und unter das Püree mischen.

Tipp

Eine interessante und fruchtig-säuerliche Variante zum herkömmlichen Kartoffelpüree. Übrigens: Ein kleiner Schuss Calvados gibt dem Ganzen noch einen besonderen Pfiff!

„Grünwalder Ritterzipfe"

Für die „Zipfe"

600 g mehlig kochende Pellkartoffeln, geschält und gut ausgedämpft
1 kleine Zwiebel, fein gewürfelt
100 g geräucherter Bauchspeck,
klein gewürfelt
100 g gekochtes Sauerkraut, gut
ausgedrückt und grob gehackt
2 Eigelb
Salz und Muskat
Ca. 100 g Kartoffelmehl

Zum Braten

50 bis 100 g Butterschmalz

1 Die gekochten Kartoffeln durch die Kartoffelpresse drücken. Zwiebel- und Bachspeckwürfel in etwas Butterschmalz anbraten.

2 Kartoffeln, Speckzwiebel, Sauerkraut, Eigelb, Salz, Muskat und Kartoffelmehl nach Bedarf zu einem griffigen Kartoffelteig verarbeiten.

3 Mit reichlich Kartoffelmehl an den Händen etwa fingergroße „Zipfe" formen. In heißem Butterschmalz goldgelb ausbacken.

Tipp

Je nach Stärkegehalt der Kartoffeln muss man mit zusätzlichem Kartoffelmehl nachhelfen.

Sorry, meine Damen – dass da keine Verwechslung vorliegt: Der Name dieses Gerichts hängt nicht mit dem zusammen, was Sie vielleicht meinen könnten – nein, es handelt sich vielmehr um eine saloppe Bezeichnung für „Bazi" oder „Schlawiner".

Zu sehen bei den scharfen – auch das noch – Saupolsterln (Seite 25).

Kartoffel-Birnen-Gratin

Für die Birnen
4 Birnen, geschält, entkernt und in
Scheiben geschnitten
Saft von einer ½ Zitrone
2 EL Zucker
3 cl Williamsschnaps

Für die Kartoffeln
400 g Kartoffeln, geschält und in
Scheiben geschnitten
Salz und frisch gemahlener Pfeffer

Für die Form
Butter

Zum Garen
300 ml Sahne
1 Lorbeerblatt
1 Thymianzweig
80 g Emmentaler oder würziger
Bergkäse, frisch gerieben

1 Die Birnenscheiben mit Zitronensaft, Zucker und Williams-schnaps marinieren. Eine Auflaufform ausbuttern. Den Ofen auf 160 °C vorheizen.

2 Die Birnen- und die Kartoffelscheiben dachziegelartig in die Auf-laufform einschichten. Salzen, pfeffern und mit Sahne aufgießen.
Das Lorbeerblatt und den Thymianzweig zugeben.
Den Auflauf abdecken, in den vorgeheizten Ofen schieben und etwa
30 bis 40 Minuten garen.

3 Jetzt abdecken, den Käse darüber verteilen und bei starker Ober-hitze leicht bräunen.

Tipp

Schmeckt prima zu Wild sowie zu Kurzbratfleisch und Geflügel-gerichten. Lässt sich gut vorbereiten und auch in der Mikrowelle wieder erwärmen. Die Kartoffeln keinesfalls in Scheiben geschnitten wässern, denn da würde zu viel Kartoffelstärke verloren gehen, und die wird zur Bindung benötigt.

Holunderspätzle

500 g Mehl
80 g Grieß
5 Eier
Salz
Muskatnuss, frisch gerieben
1 Prise Thymian
200 ml ungezuckerter Holundersaft
100 ml Wasser
60 g Butter

1 Mehl, Grieß, Eier, Salz, Muskat, Thymian, Wasser sowie etwa ¾ des Holundersafts mit Hilfe eines elektrischen Rührgeräts zu einem geschmeidigen, glatten Spätzleteig verarbeiten.

2 Einen hohen Topf mit reichlich Salzwasser zum Kochen aufstellen. Sobald das Wasser aufkocht, den Teig durch eine Spätzlepresse oder -reibe in das siedende Wasser geben.

3 Die Spätzle sind fertig, wenn sie an der Oberfläche des Wassers auftauchen. Mit einer Schaumkelle aus dem Wasser nehmen und kurz in kaltem Wasser abschrecken. Anschließend in einem Sieb gründlich abtropfen lassen.

4 In einer größeren Pfanne Butter erhitzen und darin die Spätzle heiß schwenken. Zuletzt den restlichen Holundersaft dazugießen (so erhalten Sie wieder einen violetten Farbton) und leicht mit Salz und Pfeffer nachwürzen.

Tipp

Mal was anderes zu kräftigen Wild- oder Rindfleischgerichten. Der raffinierte Geschmack und die Farbe dieser Spätzle lassen sicher auf einen gewissen Mut zu Neuem der Köchin bzw. des Kochs schließen – und den haben Sie doch!
Zu sehen sind die Holunderspätzle auf Seite 127.

Kartoffelsalat

1 mittelgroße Zwiebel, fein gewürfelt
500 ml Brühe
1 kg gekochte, geschälte und noch
gut warme Pellkartoffeln
3 bis 4 EL einfacher Weinessig
Salz, schwarzer Pfeffer
Etwas Zucker
2 EL mittelscharfer Senf
100 ml neutrales Öl

1 Zunächst die Zwiebelwürfel in die Brühe geben und das Ganze auf die Hälfte einkochen. Die Pellkartoffeln in etwa 0,5 cm dicke Scheiben schneiden, salzen und pfeffern. Essig, Zucker und Senf dazugeben und mit der Zwiebelbrühe übergießen. Nur kurz und vorsichtig vermengen und etwa 10 Minuten stehen lassen.

2 Danach das Öl beigeben, alles ausgiebig vermengen, bis der Salat eine leichte Sämigkeit bekommt. Mit den genannten Gewürzen nachschmecken. Unbedingt lauwarm servieren.

Tipp

Ich persönlich liebe Kartoffelsalat. Wird er aber noch veredelt mit anderen Salaten wie Feldsalat, Rucola, Kresse, Gurke oder Endivien, kann ich überhaupt nicht mehr nein sagen. Je nach Kartoffelsorte verändert sich die Flüssigkeitszugabe entsprechend. Sie sollten keine zu mehligen Kartoffelsorten verwenden.

Bavaria-blue-Spinat

400 g Blattspinat, gewaschen
2 Schalotten, fein gewürfelt
1 Knoblauchzehe, fein gewürfelt
50 g Butter
200 ml Sahne
80 g Bavaria blue, etwas zerkleinert
Salz und Muskat

1 Spinat in reichlich kochendem Salzwasser ganz kurz blanchieren. In kaltem Wasser, am besten Eiswasser, abschrecken und anschließend gut ausdrücken.

2 Schalotten und Knoblauchzehe in 20 g Butter glasig dünsten, Sahne einrühren und kurz aufkochen lassen. Die Käsewürfel zusammen mit der restlichen Butter in den Topf geben.

3 Mit dem Mixstab eine cremige Soße herstellen. Den Spinat in der Soße erwärmen. Abschmecken mit wenig Salz und Muskat.

Tipp

Durch den würzigen Bavaria-blue-Käse ein recht aromatisches Gemüse, passt exzellent zu Fisch. Übrigens: Es gibt auch prima tiefgefrorenen Spinat.

Graupenrisotto

100 g Butter
1 Zwiebel, geschnitten
80 g Speck, gewürfelt
80 g Karotten, fein gewürfelt
80 g Sellerie, fein gewürfelt
50 g Lauch, fein gewürfelt
250 g Graupen (Rollgerste)
600 ml Fleisch- oder Geflügelbrühe
100 ml Weißwein
Salz und Pfeffer

1 In einem breiten, flachen Topf etwa die Hälfte der Butter erhitzen. Zwiebel-, Speck-, Karotten- und Selleriewürfel der Reihe nach andünsten. Graupen einstreuen und ebenfalls kurz andünsten. Mit Brühe und Weißwein aufgießen.

2 Nach dem ersten Aufkochen den Topf mit einem Deckel gut verschließen und diesen in den auf 170 °C vorgeheizten Backofen schieben. Nach 20 Minuten prüfen, ob die Flüssigkeit reicht.

3 Den Graupenrisotto nach etwa 30 bis 40 Minuten aus dem Ofen nehmen. Jetzt die Lauchwürfel und die restliche kalte Butter einrühren. Mit Salz und Pfeffer abschmecken.

Tipp

Eine nicht alltägliche Beilage, saftig, würzig, extravagant. Schmeckt zu Fisch, Fleisch und Geflügel – aber auch solo. Sie sehen den Graupenrisotto auf Seite 98.

Kastanien-Krautwickerl

Für die Kastanienfüllung

400 g Kastanien (Maronen), geschält
100 g Sellerie, geschält und grob
geschnitten
500 ml Milch
250 ml Sahne
50 g Zucker
50 g Mehl
50 g gemahlene Mandeln
1 Ei
2 cl Kirschwasser

Zum Einwickeln

1 kleiner Wirsing- oder Blaukrautkopf
50 g Mehl zum Stäuben

1 Etwa 100 g Kastanien grob hacken und bis zum Gebrauch beiseitestellen. Die restlichen Kastanien und den Sellerie in Milch und Sahne mit dem Zucker etwa 25 Minuten weich kochen, bis noch etwa ¼ der Flüssigkeit übrig ist. Noch warm mit dem Mixstab pürieren. Mandeln, Mehl, Ei zugeben und mit Kirschwasser parfümieren.

2 Vom Kraut den Strunk entfernen und im Ganzen in reichlich Wasser blanchieren. Sobald sich die Blätter lösen, diese einzeln abnehmen, gut abtrocknen und auf einem Tuch zu einer Gesamtfläche von etwa 40 x 25 cm auslegen. Mit Mehl bestäuben und die pürierte Masse daraufstreichen.

3 Die gehackten Kastanien darüberstreuen und mit dem Tuch zu einer Schnecke aufrollen. Die Rolle zunächst in Klarsichtfolie und danach zur verbesserten Stabilität in Alufolie wickeln.

4 Im Wasser (immer kurz vorm Siedepunkt) oder wenn Sie einen Dampfgarer haben, 30 Minuten garen. Vor dem Anschneiden noch mindestens 10 Minuten an einem warmen Ort ruhen lassen.

Tipp

Blaukraut muss länger blanchiert werden als Wirsing. Eine feine und originelle Beilage zu Wild- und Geflügelgerichten. Lässt sich auch gut vorbereiten und in der Mikrowelle erwärmen.

Esskastanien (Maronen) gibt's tiefgekühlt zu kaufen, falls Sie sich nicht die Mühe des Selberschälens machen wollen.
Zu sehen sind die Kastanien-Krautwickerl auf Seite 127.

Omas Teigknödel

1 kleine Zwiebel, fein gewürfelt
30 g Butter
100 g Mehl
125 ml Milch
1 Ei
400 g Semmeln vom Vortag,
in ca. 1 cm große Würfel geschnitten
Salz
Muskat

1 Die Zwiebel in heißer Butter glasig dünsten. Aus Mehl, Milch und dem Ei einen glatten Teig rühren und über die Semmelwürfel gießen. Die Zwiebelwürfel und Muskat hinzufügen. Die Masse locker durchheben und daraus 4 bis 6 Knödel formen.

2 Die Knödel in siedendes, gut gesalzenes Wasser legen und zugedeckt etwa 15 Minuten langsam kochen lassen. Danach sofort servieren. Das Fleisch muss bereits „auf ihn" warten.

3 Die Knödelmasse wird nicht gesalzen, nur das Kochwasser dementsprechend kräftig.

Tipp

Bestimmt wissen Sie, liebe Freunde der feinen bayerischen Küche, dass man einen Knödel niemals mit dem Messer schneidet, weil er sonst eine glatte Oberfläche bekommt und die Soße nicht mehr aufsaugen kann! Bei diesem Knödel ist darauf ganz besonders zu achten.

Ein Knödel meiner Oma! Natürlich brauchte sie kein Rezept. Ich habe für Sie, verehrte Leserinnen und Leser, eines zusammengebastelt, ich denke Oma wäre zufrieden.
Sie sehen Omas Teigknödel auf Seite 128.

Seidene Preiselbeerknödel

1 kg Pellkartoffeln, gekocht
Salz
300 g Kartoffelstärke
250 ml heiße Milch
100 g Preiselbeeren (siehe Rezept
Seite 167) oder aus dem Glas
2,5 l Salzwasser

1 Die gekochten noch heißen Kartoffeln schälen, durch eine Presse drücken und leicht auskühlen lassen. Anschließend salzen, mit 250 g Kartoffelstärke vermengen und mit heißer Milch übergießen. Den abgekühlten Kartoffelteig nochmals durcharbeiten und daraus Knödel formen. Mit Preiselbeeren füllen.

2 Die restliche Kartoffelstärke mit etwas Wasser glatt rühren und in das siedende Salzwasser rühren. Die Knödel einlegen und diese in 20 bis 25 Minuten gar ziehen lassen.

Tipp

Die Preiselbeerknödel passen hervorragend zu Enten-, Rindfleisch- oder Wildgerichten. Bei der Herstellung von Knödeln sollten Sie immer einen Probeknödel kochen. Sollte er nicht gut halten, geben Sie noch etwas Mehl, Stärke oder Brösel dazu. Ist er zu fest, dann lockern Sie ihn einfach mit Ei oder entsprechender Flüssigkeit.

Die seidenen Preiselbeerknödel haben ihren Namen von dem seidigen Glanz ihrer Oberfläche erhalten. Wenn die Knödel an den Zähnen hängen bleiben, ist dies ein positives Qualitätsmerkmal.

Die seidenen Preiselbeerknödel begleiten die Ente auf Seite 119.

„Wolpertinger-Knödel"

Für die Knödel
100 g Zwiebeln, fein gewürfelt
60 g Speckwürfel
50 g Butter
200 ml heiße Milch
350 g Knödelbrot
150 g kalte Pellkartoffeln
50 g Karotten, geraspelt
2 EL Petersilie, grob geschnitten
2 Eier
2 Eigelb
Salz, Pfeffer, Muskat

Für das Kochwasser
Kartoffelstärke

1 Die Speck- und Zwiebelwürfel in Butter anbraten. Die heiße Milch über das leicht gesalzene Knödelbrot gießen und 5 Minuten zugedeckt ziehen lassen.

2 Pellkartoffeln durch die Kartoffelpresse drücken und beigeben. Ebenso die angebratenen Zwiebel- und Speckwürfel, die geraspelten Karotten, die Petersilie sowie die Eier und das Eigelb. Das Ganze würzen mit Salz (Achtung: nicht zu viel, da wir bereits Speck dabei haben), Pfeffer und Muskat.

3 Die Masse am besten mit der Hand gut vermengen. Nun Knödel in gewünschter Größe formen und in Salzwasser, das mit angerührter Kartoffelstärke leicht gebunden wurde, in etwa 15 bis 25 Minuten (je nach Größe der Knödel) nach einmaligem Aufkochen gar ziehen lassen.

Tipp

Die Idee für diesen Knödel war es, die beiden Klassiker Semmel- und Kartoffelknödel zu vereinen. So musste das bayerische Urvieh halt seinen Namen dafür hergeben. Obwohl er weder „Fisch noch Fleisch" ist, schmeckt er wirklich prima, glauben Sie nicht? Versuchen Sie ihn!

Markknödel

80 g ausgelassenes Rindermark
100 g Weißbrot, gerieben
2 Eier
Salz und Pfeffer
Muskat
1,5 l Rinderkraftbrühe (siehe Rezept
Seite 190)

1 Das ausgelassene Rindermark, das Weißbrot und die Eier gut miteinander vermengen und mit Salz, Pfeffer und Muskat abschmecken.

2 Etwa 30 g schwere (kleine) Knödel formen und diese für etwa 30 Minuten kalt stellen. Anschließend in die kochende Rinderkraftbrühe geben, einmal aufkochen und 40 bis 50 Minuten gar ziehen lassen.

Tipp

Markknödel eignen sich nicht nur als Suppeneinlage, sondern sind auch eine interessante Beilage zu mageren Fleischgerichten. Die Zubereitung ist einfach – bedenken Sie jedoch die relativ lange Garzeit. Sie sehen die Markknödel beim „Ochs an de Schnur" (siehe Seite 102).

Kohlrabigemüse

2 bis 3 Kohlrabi
Salz
40 g Butter
20 g Mehl
100 ml Sahne
Pfeffer
Muskat

1 Kohlrabi in Stifte oder Blättchen schneiden, diese in kochendem Salzwasser blanchieren. Über einem Sieb abtropfen lassen und dabei 250 ml Sud auffangen und beiseitestellen.

2 Aus Butter und Mehl eine helle Schwitze herstellen. Mit dem Kohlrabisud und der Sahne aufgießen. Salzen, pfeffern und mit Muskat würzen. Die Soße etwa 5 Minuten kochen lassen und mit dem Mixstab glatt rühren.

3 Nach einigen Minuten gegarte Kohlrabi unterheben, nochmals aufkochen und bei Bedarf nachwürzen.

Tipp

Sollten die Kohlrabi noch junge Blätter haben, dann schneiden Sie diese in feine Streifen und geben sie kurz vor dem Servieren zum Gemüse. Ein Gemüse, das wirklich „zu allem" passt.

Kalt gerührte Preiselbeeren

1 kg Preiselbeeren, frisch oder TK
750 g Puderzucker

1 Preiselbeeren ggf. auftauen lassen. Mit Puderzucker vermengen. Im Rührgerät mit dem Knethaken mindestens 45 Minuten bei mittlerer Stufe rühren, bis sich der Zucker auflöst und sich die Beeren etwas öffnen.

2 Nicht weniger als 4 Wochen abgedeckt in der Kühlung lagern. Wenn der beim Rühren entstandene Schaum sich zurückgezogen hat, sind die Beeren gut.

Tipp

Die selbst gemachten Preiselbeeren sind unvergleichlich besser und aromatischer als herkömmliches Kompott, weil sie eben nicht gekocht werden. Sie können die Preiselbeeren bis zu 6 Monate im Kühlschrank aufbewahren. Denken Sie also daran, sie rechtzeitig zuzubereiten. Sie werden es nicht bereuen.

Meerrettichnockerl

Für die Meerrettichnockerl
250 g Quark (10 % Fett i. Tr.)
60 g Meerrettich aus dem Glas
1 Ei
2 Eigelb
150 g Mehl
Salz, Pfeffer, Muskat

Zum Anschwenken
1 EL Butter

1 Meerrettichnockerl: Quark, Meerrettich, Ei, Eigelb und Mehl glatt rühren, würzen mit Salz, Pfeffer und Muskat. Nockerl formen und in siedendem Salzwasser etwa 10 Minuten garen. Aus dem Wasser nehmen und in Butter anschwenken.

Tipp

Die Nockerl passen hervorragend zu Wild-, Fleisch- und Geflügelgerichten, aber auch als vegetarische Komponente mit Gemüse oder Salat kombiniert sind sie mal was anderes. Auf Seite 86 begleiten sie die Rindsroulade.

Für 4 bis 6 Personen

Topfennockerl

Für die Topfennockerl
600 g Pellkartoffeln vom Vortag
300 g Topfen (Quark),
leicht ausgedrückt
2 Eier
2 Eigelb
100 g Mehl
50 g geraspelte Karotten
Salz, Muskat

Zum Kochen
Kartoffelstärke

Zum Schwenken
40 g Butter

1 Topfennockerl: Kartoffeln durch die Kartoffelpresse drücken, mit ausgedrücktem Topfen, geraspelten Karotten, Mehl, Eiern, Eigelb, Salz und Muskat vermengen.

2 Salzwasser leicht mit Kartoffelstärke abziehen und darin die Nockerl „einstechen". Ca. 20 Minuten ziehen lassen, vorsichtig aus dem Wasser heben, abtropfen und leicht in Butter schwenken.

Tipp

Eine echte und vor allem raffinierte Alternative zu Knödel, Nudeln & Co.

Semmelknödel

1 kleine Zwiebel, fein gewürfelt
60 g Butter
500 g Knödelbrot
250 ml heiße Milch
3 bis 4 Eier
Salz, Muskat
3 EL fein geschnittene Blattpetersilie

1 Zwiebeln in Butter glasig dünsten. Knödelbrot würzen mit Salz und Muskat, mit heißer Milch übergießen und 5 Minuten abgedeckt ziehen lassen, Eier, Zwiebeln, Petersilie zugeben und alles gut vermengen. Je nach Qualität und Restfeuchtigkeit des Knödelbrots braucht's etwas mehr oder weniger Flüssigkeit.

2 Knödel in gewünschter Größe abdrehen und in kochendes Salzwasser legen, 20 Minuten leise köchelnd garen.

Tipp

Die Knödelmasse sollte relativ streng sein, so dass man sehr feuchte Hände braucht zum Abdrehen. Dann bekommen die Knödel den richtigen Biss und sind trotzdem locker.

Drehen Sie die Knödel nicht zu groß ab, so um die 100 g sind sie ideal zu garen und – ich finde, das schaut auch besser aus, siehe Seite 80 beim Schweinsbraten).

Für 4 bis 6 Personen

Wirsing à la creme

Für den Wirsing
800 g Wirsing
100 g Zwiebeln, fein gewürfelt
300 ml Sahne
100 ml Crème fraîche
60 g Parmesan

Zum Würzen
Salz, Pfeffer, Muskat

1 Wirsing von Strunk und äußeren Blättern befreien, in etwa 1 cm breite Streifen schneiden. Diese in Salzwasser 1 Minute blanchieren, abschütten, kalt abschrecken. Gut ausdrücken.

2 Zwiebelwürfel in Butter andünsten, Sahne und Crème fraîche zugeben und kurz einkochen. Wirsing zugeben und kurz aufkochen, Parmesan fein reiben und unterheben. Abschmecken mit Salz, Pfeffer und Muskat. Nach Bedarf noch etwas Flüssigkeit zugeben.

Tipp

Das ist vermutlich das einzige Wirsingrezept in Bayern ohne Speck?!

Topfenspätzle

Für den Spätzleteig
300 g Mehl
100 g „Wiener Griessler"-Mehl
100 g Topfen (Quark)
6 Eier
2 Eigelb
1 TL Salz

Zum Warmschwenken
40 g Butter
Salz und Muskat

1 Alle Zutaten vermengen und zu einem zähen Teig schlagen. Nach Bedarf etwas Wasser zugeben.

2 Mit einer Spätzlepresse oder einem Spätzlehobel in gut gesalzenes kochendes Wasser hobeln, dafür etwas kaltes Wasser als Gleitmittel verwenden. Wenn die Spätzle oben schwimmen sind sie gar. Mit einer Schaumkelle herausholen, in kaltem Wasser abschrecken und auf einem Sieb abtropfen. In Butter warm braten, nochmals würzen mit Salz und Muskat.

Tipp

„Quark (Topfen) habe ich noch nie in den Spätzleteig gegeben", höre ich Sie denken. Ja, es gibt immer ein erstes Mal.
Ürigens: Je fester der Teig, desto mehr Biss bekommen die Spätzle.

Bratkartoffeln mit Birne und Bavaria blue

Für die Bratkartoffeln

2 EL Butterschmalz
1 Zwiebel, in Streifen geschnitten
800 g gekochte Pellkartoffeln,
geschält und in dicke Scheiben
geschnitten
Salz und Pfeffer aus der Mühle

Für die Birnen

2 Birnen, geschält, entkernt und in
dünne Spalten geschnitten
2 EL Zucker
3 cl Birnenschnaps

Für den Bavaria blue

300 g Bavaria blue, in Scheiben
geschnitten
1 EL Schnittlauchspäne

1 Den Backofen auf 180 °C vorheizen. Birnenspalten mit Zucker und Williamsschnaps marinieren.

2 In einer großen Pfanne das Butterschmalz erhitzen. Kartoffeln und Zwiebeln knusprig braten. Zuletzt die marinierten Birnen dazugeben. Alles leicht salzen und kräftig pfeffern.

3 Bavaria blue darüber verteilen. Die Pfanne in den vorgeheizten Ofen schieben und den Käse während 3 bis 5 Minuten leicht schmelzen lassen. Mit Schnittlauchspänen bestreuen.

Tipp

Die Zwiebeln sollten beim Anbraten leicht gebräunt werden – das erhöht den Geschmack.
Ein Williamsschnaps tut nicht nur den Birnen in diesem Rezept gut!

Lauch-Käse-Torte

Für den Teig
500 g Mehl
300 g Butter
10 g Salz
150 ml Wasser

Für den Belag
500 g Lauch, gewaschen und in
1 cm dicke Stücke geschnitten
150 g geräucherter Speck,
fein gewürfelt
30 g Butter
150 g Allgäuer Bergkäse, gerieben
150 g Gruyère (würziger Schweizer
Hartkäse), gerieben
5 Tomaten, gehäutet

Für den Guss
4 Eier
4 Eidotter
200 ml Sahne
200 ml Milch
Salz und Pfeffer, Chiliflocken
Muskat

Für die Form
Butter

1 Mehl, Butter, Salz und Wasser rasch zu einem Teig verarbeiten und für mindestens 30 Minuten kalt stellen. Die Lauchstreifen in etwas Butter „zusammenfallen" lassen, salzen und pfeffern. Speckwürfel in Butter anbraten.

2 Eier, Eidotter, Sahne und Milch miteinander verrühren. Mit Salz, Pfeffer, Muskat und Chiliflocken kräftig würzen. Den Ofen auf 160 °C vorheizen.

3 Den kalten Teig auf einer bemehlten Arbeitsfläche etwa 3 mm dick auswellen. Eine Backform ausbuttern und mit dem Teig auslegen, auch den Rand hochziehen.

4 Abwechselnd Speck, Lauch und Käse in die Form streuen. Zuletzt die Tomaten in Scheiben schneiden und kreisförmig drauflegen. Mit Ei-Sahne-Mischung übergießen und in den Ofen schieben. Die Backzeit beträgt knapp 1 Stunde. Anschließend die fertige Torte mindestens 30 Minuten ruhen lassen.

Tipp

Die Lauch-Käse-Torte ist natürlich unverkennbar verwandt mit der französischen Quiche Lorraine, aber was die Franzosen können, können wir Bayern …

Miesbacher Schlupfer

2 Schalotten, fein gewürfelt
1 Knoblauchzehe, fein gewürfelt
80 g Butter
80 g Mehl
300 ml Milch
50 ml Weißwein
Salz, Pfeffer und Muskatnuss
Butter für die Förmchen
6 Eier, getrennt
120 g geriebener Bergkäse
1 Würfel Miesbacher Käse (62,5 g),
mit einer Gabel zerdrückt

1 Passende Förmchen mit etwa 80 bis 120 ml Inhalt (auch Kaffeetassen) bereitstellen.

2 Schalotten und Knoblauch in heißer Butter glasig dünsten, mit Mehl bestäuben und kurz mitrösten. Mit Milch und Weißwein aufgießen. Unter ständigem Rühren aufkochen lassen, bis eine kompakte, fast breiige Soße entstanden ist. Leicht salzen, pfeffern und mit Muskat würzen.

3 Den Topf vom Herd nehmen und die Soße unter öfterem Rühren etwas abkühlen lassen. In der Zwischenzeit die Förmchen ausbuttern und den Ofen auf 220 °C vorheizen.

4 In die abgekühlte Soße Eidotter, Bergkäse und Miesbacher Käse rühren. Das Eiweiß zu Schnee schlagen. Einen Teil flott unter die Käsemasse rühren, den anderen Teil behutsam unterheben. Die Förmchen mit der Schlupfermasse zu etwa ¾ füllen. In ein kochendes Wasserbad stellen und sofort in den Ofen schieben. Etwa 15 Minuten pochieren lassen, aus dem Wasserbad nehmen und anschließend 10 Minuten bei 220 °C fertig backen.

Tipp

Dazu, wie auf unserem Foto, ein paar Radieserlscheiben und etwas Rucolasalat. Eine Idee, wenn man auch mal ein warmes Käsedessert möchte.

Raclette-Pfannkuchen

Für den Pfannkuchenteig

250 ml Milch
4 Eier, getrennt
120 g Mehl
100 g Topfen
Salz und Pfeffer

Für die Pfanne

40 g Butter

Für den Belag

350 g verschiedene Käsesorten
(z.B. Tilsiter, Appenzeller, Bavaria
blue, Miesbacher Käse etc.)
2 EL frische Kräuter nach Jahreszeit

1 Den Backofen auf 180 °C vorheizen. Aus Milch, Eidotter, Mehl und Quark einen glatten Teig herstellen, salzen und pfeffern. Das Eiweiß zu nicht zu steifem Schnee schlagen und unterheben.

2 In einer entsprechend großen Pfanne die Butter aufschäumen und den Teig etwa 0,5 cm hoch einfüllen, anbacken, wenden und fast fertig backen. Mit der Käsewahl belegen und im Ofen bei 180 °C 3 bis 5 Minuten schmelzen lassen, leicht pfeffern und mit frischen Kräutern und reichlich Pfeffer aus der Mühle vollenden. Unbedingt gleich in der Pfanne auf den Tisch bringen.

Tipp

Ein Käsegericht, das nicht nur in einer Schweizer Berghütte schmeckt. Sowohl „Süßes" wie „Saures" passen hervorragend dazu. Eignet sich auch bestens als Käseverarbeitungsvariante, es passt wirklich jede Sorte.

Überbackener Obazda in der Kartoffel

Für die Kartoffeln
4 mittelgroße Pellkartoffeln à ca. 250 g
Kümmel, Salz

Für den Obazdn
300 g Camembert oder Brie,
zimmerwarm
50 g Quark
1 Ei
2 EL Zwiebeln, fein gewürfelt
Salz, Pfeffer, Kümmel, Paprikapulver

Zum Garen
2 Zwiebeln, in Streifen geschnitten
1 EL Butter
1 EL Semmelbrösel
2 EL Schnittlauchröllchen

1 Kartoffeln vorbereiten: Kartoffeln sauber bürsten und in Salzwasser mit Kümmel garen, nicht auskühlen lassen. Einen kleinen Deckel und einen kleinen Boden abschneiden. Kartoffeln mit Hilfe eines kleinen Löffels aushöhlen, das Ausgehöhlte zur Weiterverarbeitung beiseitestellen.

2 Obazda: Camembert, Quark, Zwiebelwürfel, Ei und das Ausgehöhlte der Kartoffeln mit einer Gabel zerdrücken oder mit den Händen „obazn". Mit Salz, Pfeffer, Kümmel und Paprika sehr würzig abschmecken.

3 Füllen: Obazdn in die ausgehöhlten und gesalzenen Kartoffeln füllen, mit Semmelbröseln bestreuen. Kartoffeln in ein feuerfestes Gefäß geben, ein wenig Flüssigkeit angießen und im Ofen bei etwa 160 bis 180 °C ca. 10 Minuten überbacken. Es braucht nur der Obazde heiß werden, die Kartoffeln sind's ja noch.

4 Fertigstellen und anrichten: Mit Schnittlauch bestreuen.

Tipp

Dazu passen, wie beim kalten Original auch, Radieserl und allerlei Saures.

Käse-Krautspätzle mit Zwiebel-Birnen-Schmelze

Für den Teig

300 g Mehl
100 g „Wiener Griessler"-Mehl
150 ml Mineralwasser
4 Eier
1 TL Salz
Muskat, Pfeffer aus der Mühle
200 g geriebener, würziger Bergkäse
100 ml Sahne
100 g Sauerkraut, gegart

Für die Schmelze

2 kleine Zwiebeln
2 Birnen
50 g Butter
1 EL Zucker
Ca. 3 cl Birnenschnaps
Ca. 1 TL frische Thymianblätter

1 Spätzleteig: Aus Mehl, Wiener Griessler, Mineralwasser, Eiern und Salz einen festen Spätzleteig herstellen, schlagen, bis er Blasen wirft. Mit einem Spätzlehobel oder einer Spätzlepresse den Teig in reichlich kochendes Salzwasser geben. Wenn die Spätzle oben schwimmen, sind sie gar.

2 Mit einer Schaumkelle aus dem Wasser fischen, abtropfen und in eine feuerfeste Auflaufform geben.

3 Spätzle vermengen mit geriebenem Käse, Sauerkraut und Sahne, würzen mit Salz und Muskat. 15 bis 20 Minuten im auf 140 °C vorgeheizten Backofen schmelzen lassen.

4 Zwiebel-Birnen-Schmelze: Zwiebeln in feine Streifen schneiden. Birnen schälen, vierteln, entkernen und würfeln. Zwiebeln in Butter braun braten, Zucker und Birnenwürfel zugeben und kurz mitgaren. Leicht salzen, gut pfeffern, mit einem Schuss Birnenschnaps abrunden und die frischen Thymianblätter zugeben.

5 Fertigstellen und anrichten: Schmelze auf Käse-Krautspätzle verteilen und sehr heiß zu Tisch bringen.

Tipp

Die Zugabe von Sauerkraut verleiht diesem Gericht die besondere Note. Bitte achten Sie darauf, die Zwiebeln schön braun zu braten und den Birnen noch ein wenig Biss zu belassen.

Wenn Sie nicht so auf Thymian stehen und die gewohnten Schnittlauchröllchen bevorzugen – sehr gerne!

Camembert in der Mandelkruste auf Zwetschgen-Tomaten-Kompott

Für den Camembert

400 g Camembert
2 EL Mehl
2 Eier
1 Eigelb
50 g Semmelbrösel
50 g Mandelblättchen

Zum Ausbacken

60 g Butterschmalz

Für das Kompott

2 EL Olivenöl
1 kleine Zwiebel, fein gewürfelt
1 Knoblauchzehe, fein gewürfelt
Ca. 100 g Zucker
300 g Zwetschgen (frisch oder TK)
Ca. 50 ml weißer Balsamicoessig
Ca. 50 ml Orangensaft
600 g Strauchtomaten
1 Kräuterbündel (Minze, Rosmarin, Thymian)
Salz, Pfeffer

1 Vorbereiten: Zwetschgen entsteinen und in Spalten schneiden. Tomaten 15 Sekunden in kochendem Wasser brühen, abschrecken, häuten, entkernen und in etwa 2 cm große Würfel schneiden.

2 Zwetschgen-Tomaten-Kompott: Zwiebel- und Knoblauchwürfel in Olivenöl glasig andünsten. Zwetschgenspalten, Zucker und Essig sowie ein wenig Orangensaft zugeben. Köcheln lassen, bis Zwetschgen und Zwiebeln sehr weich sind, dabei ggf. etwas Saft nachgießen. Insgesamt dauert das Ganze 5 bis 10 Minuten. Die letzten 3 Minuten das Kräuterbündel einlegen.

3 Nun die Tomaten zugeben, salzen und pfeffern, einmal aufkochen, Kräuterbündel entfernen – nachschmecken.

4 Camembert: Eier und Eigelb mischen, Brösel und Mandeln mischen. Camembert etwas befeuchten, in Mehl, Eiern, Eigelb und Brösel-Mandel-Mischung panieren. In Butterschmalz nicht zu heiß von beiden Seiten ausbacken.

5 Fertigstellen und anrichten: Gebackenen Camembert auf dem Zwetschgen-Tomaten-Kompott anrichten.

Tipp

Gebackener Camembert mit Preiselbeeren – das kennen wir, aber diese Kombination sollten Sie einfach mal probieren. Achten Sie darauf, dass sich Zucker und Essig, also süß und sauer ausgleichen. Statt Zwetschgen passen auch Aprikosen hervorragend, dann aber ein bisserl weniger Zucker.

**Nicht alltägliche Salatdressings
(von oben)**
Fein-würzige Salatsoße
Honig-Weißbier-Vinaigrette
Holunderdressing
Walnussdressing
Balsamicodressing

Walnussdressing

Für 1,2 Liter Dressing

350 ml Pflanzenöl
350 ml Walnussöl
18 g Salz
6 g Pfeffer
40 g Zucker
400 ml Wasser
100 ml Sherryessig
80 g Walnüsse, gehackt
20 g Feinwürzmittel

1 Sämtliche Zutaten im Küchenmixer oder mit dem Schneebesen zu einem pikanten Dressing kräftig verrühren.

2 In Flaschen abfüllen und bis zur Weiterverarbeitung kalt stellen. Vor Gebrauch gut schütteln bzw. wieder verrühren.

Tipp

Ein wirklich nobles Dressing für Blattsalate, solo oder in Begeitung von Wild, Fisch, Geflügel – und vor allem – Kase.

Honig-Weißbier-Vinaigrette

Für gut 1 Liter Vinaigrette

250 ml Weißbier
75 ml Balsamicoessig, weiß
25 ml Zitronensaft
100 g Honig
50 g Senf, scharf (Develey)
25 g Salz
1 Msp. Pfeffer, weiß
1 Knoblauchzehe, fein gehackt
375 ml Olivenöl
250 ml Pflanzenöl

1 Alle Zutaten gut vermengen. Mixen. Fein süß-säuerlich abschmecken. In Flaschen abfüllen. Vor Gebrauch schütteln.

Tipp

Je nach Säuregehalt des Essigs braucht's davon mehr oder weniger. Gekühlt ist das Dressing etwa 2 Wochen haltbar. Das Weißbier in Verbindung mit Honig und Säure verleiht dieser Vinaigrette ihren ganz besonderen Charme. Es schmeckt wunderbar zu gebratenem Gemüse, passt aber auch zu Blattsalaten.

Balsamicodressing, cremig

Für knapp 2 Liter Dressing

3 Eigelb
50 g Senf, mittelscharf
120 ml Balsamicoessig, braun
30 g Salz
¼ TL Pfeffer schwarz
1 Knoblauchzehe, fein gehackt
15 g Feinwürzmittel
20 g Zucker
200 ml Walnussöl
1 l Pflanzenöl
Wasser nach Bedarf

1 Eigelb, Senf, Balsamicoessig und alle Gewürze vermengen. Pflanzen- und Walnussöl nach und nach mit dem Mixstab oder einem anderen Rührgerät dazurühren. Mit etwas Wasser auf gewünschte Konsistenz verdünnen.

2 In ein passendes Gefäß abfüllen, nicht ganz abdecken, im Kühlschrank aufbewahren. Vor dem Gebrauch gut durchrühren, da sich die Gewürze gerne absetzen.

Tipp

Je nach Säuregehalt und Qualität des Balsamicoessigs kann die angegebene Menge variieren.

Ein sehr elegantes, cremiges Dressing, es passt besonders gut zu feinen Vorspeisensalaten.

Bereiten Sie ruhig diese Menge zu, das Dressing können Sie bis zu 4 Wochen im Kühlschrank aufbewahren.

Holunderdressing

Für 1 Liter Dressing

2 Eier
20 g Senf, scharf
15 g Ingwer, fein gehackt
90 ml weißer Balsamico
120 ml Holunderblütensirup
3 g Salz
1 Msp. Pfeffer, weiß
600 ml Pflanzenöl (neutral)

1 Eier, Senf, Ingwer, Balsamicoessig, Holundersirup, Salz und Pfeffer vermengen, Pflanzenöl nach und nach mit dem Mixstab oder einem anderen Rührgerät dazurühren.

2 Ggf. mit etwas Wasser auf gewünschte Konsistenz verdünnen. In ein passendes Gefäß abfüllen, nicht ganz abdecken, im Kühlschrank aufbewahren. Vor dem Gebrauch gut durchrühren, da sich die Gewürze gerne absetzen.

Tipp

Je nach Zuckergehalt des Holundersirups und Säuregehalt des Balsamicoessigs kann die angegebene Menge variieren.

Ein sehr feines, harmonisches Dressing, es eignet sich zu allen Blattsalaten mit Fisch, Fleisch, Wild und Geflügel, schmeckt aber auch exzellent zu lauwarmem Spargel.

Das Dressing können Sie bis zu 4 Wochen im Kühlschrank aufbewahren.

Fein-würzige Salatsoße

Für knapp 2 Liter Soße

1 bis 2 Knoblauchzehen, grob zerkleinert
100 g Zwiebeln, grob zerkleinert
30 g Salz
8 g Pfeffer, weiß gemahlen
1 Ei
20 g Feinwürzmittel
50 g mittelscharfer Senf (Develey)
300 ml Wasser
1,2 l Öl
150 ml Essig 5%

1 Knoblauch und Zwiebeln mit Salz, Pfeffer, Ei, Feinwürzmittel, Senf und der Hälfte des Wassers im Mixer fein aufschlagen.

2 Das Öl langsam einrühren, zuletzt Essig und Wasser beigeben. Die Mengenbeigabe von Wasser kann immer ein bisserl variieren. Die Salatsoße wird ganz cremig und weiß.

Tipp

Bei kühler Lagerung lässt sich das Dressing bis zu 4 Wochen aufbewahren (nicht komplett abdecken). Bei Gebrauch eventuell noch etwas verdünnen. Je größer die zubereitete Menge dieser Salatsoße, desto besser wird sie, aber bitte fragen Sie mich nicht, warum.

Grundbrühe für Fisch

Für 2 Liter Brühe

1,2 kg Karkassen (Gräten, Köpfe, Flossen, am besten von Waller, Zander, Seezunge etc., aber nicht von sehr fetten Fischen wie Lachs)

2 EL Olivenöl

6 Schalotten, geschält und fein gehackt

100 g Sellerie, gewaschen und klein geschnitten

100 g Lauch, gewaschen und klein geschnitten

100 g Fenchel, gewaschen und klein geschnitten

250 ml Weißwein

2,5 l Wasser

3 Lorbeerblätter

1 TL weiße Pfefferkörner

2 Nelken

3 Wacholderbeeren

40 g Kräuter (Dill, Kerbel, Petersilie, Basilikum, Thymian)

20 ml Noilly Prat (Wermut)

Saft von einer Zitrone

1 Die Karkassen so lange kalt abwaschen, bis das Wasser klar bleibt. Das Gemüse in Olivenöl anbraten. Die Fischkarkassen hinzufügen, einige Minuten weiterbraten und mit Weißwein ablöschen. Mit Wasser aufgießen und kurz aufkochen lassen.

2 Die Gewürze, die Kräuter sowie den Wermut und den Zitronensaft beigeben. Bei geringer Hitze etwa 20 Minuten köcheln lassen, dabei immer wieder abschäumen. Danach vom Feuer nehmen und 20 Minuten ruhen lassen.

3 Anschließend durch ein mit einem Tuch ausgelegtes Sieb gießen und bis zum Gebrauch kalt stellen.

Tipp

Nach dem ersten Aufkochen mit etwas kaltem Wasser abschrecken, dann kann sich der Fond besser klären.

Übrigens – Fonds lassen sich ebenso portionsweise einfrieren, wie bei den Grundsoßen für Kalb, Schwein oder Lamm beschrieben!

Rinderkraftbrühe

Für 3 Liter Brühe

2 kg Rinderknochen, vom Metzger zerkleinert

500 g Markknochen

600 g Ochsenfleisch (Brust, Schulter oder Tafelspitz)

1 Zwiebel, ungeschält und halbiert

3 Lorbeerblätter

2 Nelken

3 Wacholderbeeren

1 TL weiße Pfefferkörner

100 g Sellerie, geschält und grob geschnitten

100 g Karotten, geschabt und grob geschnitten

100 g Lauch, gewaschen und grob geschnitten

1 Knoblauchzehe, geschält und grob gehackt

1 Tomate, gewaschen und halbiert

½ Bund Petersilie, gewaschen

4 bis 5 l Wasser

1 Die Knochen in kochendem Wasser kurz blanchieren, kalt abspülen. Mit kaltem Wasser zum Kochen aufstellen. Beim ersten Aufkochen das Fleisch hinzufügen.

2 Die Zwiebel mit den Schnittflächen in einer Pfanne bräunen und in die Suppe geben (intensiviert den Geschmack und die Farbe). Die Gewürze einstreuen und die Brühe bei reduzierter Hitze etwa 3 bis 4 Stunden leise köcheln lassen. Die Oberfläche öfter abschäumen.

3 Das Suppengemüse die letzte halbe Stunde hinzufügen. Sobald das Fleisch gar ist, dieses aus der Suppe nehmen und in kaltes Wasser legen. Die Brühe durch ein Sieb passieren. Erst unmittelbar vor der Verwendung salzen.

Tipp

Möchten Sie die Brühe hell halten, so lassen Sie die gebräunte Zwiebel weg. Das Fleisch können Sie anderweitig verwenden!

Auf die gleiche Art und Weise lässt sich eine Brühe aus Kalbfleisch oder Geflügel herstellen.

Grundsoße für Wild

Für 2 Liter Soße

3 EL Öl

2,5 kg Wildknochen (Sehnen und Abschnitte), klein gehackt

300 g Röstgemüse (Sellerie, Lauch, Zwiebel, Karotte), gewürfelt

2 EL Tomatenmark

1 Apfel, gewürfelt

1/4 Orange, gewürfelt

2 EL Preiselbeeren

500 ml Rotwein

3 l Brühe oder Wasser

1 TL schwarze Pfefferkörner

4 Lorbeerblätter

2 Nelken

1 EL Wacholderbeeren, zerdrückt

1 Zimtstange

1/2 TL Senfkörner

5 frische Thymianzweige

1 frischer Rosmarinzweig

Salz, Pfeffer, Zucker

Etwas Senf

1 Die Knochen in heißem Öl von allen Seiten gut bräunen. Das Röstgemüse, die Früchte sowie das Tomatenmark hinzufügen und das Ganze unter kräftigem Rühren weiterbraten. Schluckweise mit Rotwein ablöschen, ganz einkochen lassen, denn so wird der Soßengeschmack wesentlich intensiver. Die Soße wird dunkler und bekommt einen seidenen Glanz.

2 Die Gewürze zugeben, und nochmals kurz rösten. Die Brühe angießen und die Soße bei reduzierter Hitze etwa 2 bis 3 Stunden köcheln lassen, dabei immer wieder abschäumen.

3 Mit Salz, Pfeffer, Senf und Zucker abschmecken. Durch ein Sieb gießen und bis zur Verwendung kalt stellen.

Tipp

Vorratshaltung, wie bei den Grundsoßen für Schwein, Kalb und Lamm beschrieben.

Grundsoße für Geflügel

Für 2 Liter Soße

2 kg Geflügelknochen und Innereien
(Hälse, Herzen, Mägen),
gut abgespült und zerkleinert

300 g Röstgemüse (Sellerie, Lauch,
Zwiebel, Petersilienwurzel), klein
gewürfelt

1 EL Tomatenmark

300 ml Weißwein

3 l Geflügelbrühe oder Wasser

1 TL Pfefferkörner

3 Lorbeerblätter

6 Scheiben Ingwer

5 frische Thymianzweige

1 Die Geflügelknochen im Bräter von allen Seiten kräftig anbraten. Das Röstgemüse hinzufügen und das Ganze weiterbraten. Tomatenmark zugeben und rösten. Mit einem Schuss Wein und Wasser ablöschen und den Vorgang zweimal wiederholen.

2 Die Gewürze beigeben und die Brühe eingießen. Bei mittlerer Hitze etwa 1 bis 2 Stunden köcheln lassen. Durch ein Sieb passieren, abschmecken und nach Belieben mit Kartoffelstärke leicht binden.

Tipp

Um einen kräftigen Geschmack und eine attraktive Farbe zu erhalten, ist es ratsam, zwei- bis dreimal mit (wenig) Flüssigkeit abzulöschen, wenn das Bratgut auf dem „Röst-Höhepunkt" ist. Diesen Zeitpunkt bekommt man beim Kochen sehr schnell heraus …

Eine Grundsoße für helles Geflügel wie Hähnchen, Fasan oder Truthahn wird hell gehalten und dafür sollte man Weißwein verwenden. Für „Dunkles" wie Ente oder Gans empfiehlt sich Rotwein.

Vorratshaltung, wie bei den Grundsoßen für Schwein, Kalb und Lamm beschrieben.

Bratengrundsoße für Kalb, Schwein oder Lamm

Für 2 Liter Soße

Öl zum Braten

2,5 kg Knochen, klein gehackt

3 mittelgroße Zwiebeln, gewaschen, geviertelt mit Schale

2 Karotten, gewaschen und in Stücke geschnitten (nicht geschält)

1/4 Sellerieknolle, gewaschen und in Stücke geschnitten (nicht geschält)

1/2 Stange Lauch, gewaschen und in Stücke geschnitten

2 Knoblauchzehen, geschält und in Stücke geschnitten

1 Bund Petersilie, gewaschen und abgetropft

2 EL Tomatenmark

250 ml Wein

1 TL weiße Pfefferkörner

3 Lorbeerblätter, zerbröselt

3 l Wasser oder Brühe

1 Das Öl erhitzen und darin die Knochen (auch die Sehnen) von allen Seiten kräftig anbräunen. Das Gemüse einstreuen und weitere 8 Minuten braten. Tomatenmark hinzufügen, das Ganze rösten, zweimal mit Wein und etwa 0,5 l Flüssigkeit ablöschen – dabei jedesmal die gesamte Flüssigkeit einkochen lassen. Die Pfefferkörner, Lorbeerblätter und die entsprechenden Gewürze beigeben.

2 Mit Wasser oder besser mit Brühe aufgießen und bei reduzierter Hitze mindestens 2 bis 3 Stunden köcheln lassen. Zwischendurch immer wieder abschäumen.

3 Die Soße durch ein Sieb passieren, auf die gewünschte Menge und Konsistenz einkochen, auskühlen lassen und griffbereit für den Gebrauch in den Kühlschrank stellen.

Tipp

Je nach Soßenart die entsprechenden Knochen und Abschnitte verwenden. Für eine gehaltvolle Lammsoße Kräuter wie Thymian, Basilikum, Rosmarin und Minze verwenden, für Schwein Kümmel und mehr Zwiebeln, für Kalb Rosmarin und Salbei.

Um einen Soßenvorrat für längere Zeit aufzubewahren, ein kleiner Tipp: Reduzieren Sie die Grundsoße ganz stark und frieren Sie sie in entsprechend kleinen Portionen ein. So haben Sie immer eine Grundsoße quasi portionsweise in bester Qualität parat. Und „home made" – wie wir Bayern sagen.

Apfelkücherl in der Mandelkruste

Für die Apfelkücherl
2 bis 3 Äpfel (Gloster, Gala oder
Granny Smith)

Für den Teig
150 g Mehl
1 Eidotter
125 ml helles Bier
Salz
1 EL Öl
2 Eiweiß
30 g Zucker

Zum Backen
Mehl zum Wenden
80 g gehobelte Mandeln
Fett zum Ausbacken

Zum Wenden
80 g Zucker
1 EL Zimt

1 Äpfel schälen, mit einem Rundstecher vom Kerngehäuse befreien und jeweils in drei oder vier Ringe schneiden.

2 Aus Mehl, Eidotter, Bier, einer Prise Salz und Öl einen flüssigen Teig herstellen. Das Eiweiß mit Zucker steif schlagen und unter den Teig heben.

3 Die Apfelringe in Mehl wenden, zuerst in den Bierteig tauchen und anschließend eine Seite der Kücherl in den Mandeln wälzen. Sofort in heißem Fett von jeder Seite 2 bis 3 Minuten schwimmend ausbacken.

4 Aus dem Fett herausnehmen und auf einem Gitter abtropfen lassen. Den Zucker mit dem Zimt vermengen und die Apfelringe darin wenden.

Tipp

Dazu passen fruchtige Soßen und cremiges Eis.

Apfelkücherl, so meine ich, sind hinreichend bekannt und beliebt, aber mit den Mandeln werden Sie einfach unwiderstehlich.

Beeren-Joghurt-Sülze

Für die Sülze
3 Eidotter
120 g Zucker
Saft von 1 Zitrone
3 cl Himbeergeist (kann auch mehr sein)
150 g Topfen (Quark)
400 g Joghurt
8 bis 10 Blatt Gelatine
50 ml Sahne
200 ml Sahne, steif geschlagen

Für die Einlage
200 g Beeren der Saison, gewaschen, verlesen und trocken getupft

Für die Form
Klarsichtfolie

Für die Garnitur
Verschiedene Fruchtsoßen

1 Eidotter mit Zucker, Zitronensaft und Himbeergeist cremig rühren, Topfen und Joghurt zugeben und alles gründlich verrühren. Die Gelatine in kaltem Wasser einweichen, ausdrücken und in 50 ml erwärmter Sahne auflösen.

2 Anschließend flott unter die Masse rühren. Die Beeren mit der Schlagsahne unter die Joghurtmasse heben. Eine entsprechende Form mit Klarsichtfolie auslegen und das Ganze einfüllen. Mit Klarsichtfolie abdecken und für mindestens 4 Stunden kalt stellen.

3 Die Joghurtsülze (mit Elektromesser, falls vorhanden) in Scheiben schneiden und mit verschiedenen Fruchtsoßen garniert servieren.

Tipp

Ein echtes Sommerdessert, das Sie exzellent vorbereiten können, besonders leicht – und wie Sie sehen – auch etwas fürs Auge.

Champagner-Himbeer-Tiramisu

Für die Masse
3 Eigelb
90 g Zucker
1 Mark einer Vanilleschote
20 g Marc de Champagne, alternativ
Grappa
2 Blatt Gelatine
50 g Sahne zum Auflösen der
Gelatine
100 g geschlagene Sahne
250 g Mascarpone, glatt gerührt

Für die Tränke
200 g starker Kaffee (kalt)
200 ml Champagner (Prosecco
geht auch)

Zum Einfüllen
Ca. 200 g Löffelbiskuits
200 g Himbeeren (TK)

Zum Fertigstellen
80 g dunkle Schokolade

1 Mascarponecreme: Eigelb, Zucker und Vanillemark cremig rühren. Marc de Champagne beigeben. Gelatine in kaltem Wasser ca. 5 Minuten einweichen und gut ausdrücken. Die Sahne erwärmen, die Gelatine darin auflösen und unter die Eimasse rühren. Jetzt flott den Mascarpone unterrühren und die Schlagsahne unterheben.

2 Einfüllen: Eine entsprechende Form wählen. Die Hälfte der Löffelbiskuits mit Kaffee tränken und in die Form schichten. Die Hälfte der Himbeeren darüber verteilen und mit der Hälfte der Mascarponemasse bedecken. Restliche Löffelbiskuits mit Champagner tränken und darüberlegen. Übrige Himbeeren darauf verteilen und mit der verbliebenen Mascarponemasse überziehen.

3 Fertigstellen und servieren: Die Schokolade über das Tiramisu hobeln und das Ganze für mindestens 2 Stunden kalt stellen.

Tipp

Sollten Sie sich für die Prosecco-Variante entscheiden, weil Sie vielleicht meinen, „Champagner ist mir dafür zu schade" – na ja, es geht, aber ich würde es nicht tun. Lieber genießen Sie den übrigen Champagner dazu – einfach weil heute Mittwoch ist.

Dieses Tiramisu eignet sich exzellent zum Einfrieren – ja, es verlangt fast danach. Denn nicht ganz aufgetaut, also wenn es innen noch ein wenig eisig ist, schmeckt's noch besser. Ja, wirklich noch besser!

Topfen-Erdbeer-Knödel mit Aprikosensoße

Für den Topfenteig
50 g weiche Butter
1 Ei
50 g Zucker
Salz
Abgeriebene Schale einer
ungespritzten ½ Zitrone
Mark einer ½ Vanilleschote
(Schote für das Kochwasser)
200 g trockener Topfen (Quark)
120 g Mehl

Für die Füllung
8 große Erdbeeren, gewaschen
und geputzt

Für das Kochwasser
Salz, ausgekratzte Vanilleschote
und ungespritzte Zitronenschale

Für die Soße
1 kleine Dose Aprikosen
1 Schuss Aprikosen- oder Orangenlikör

Für die Zuckerbrösel
2 EL Semmelbrösel
30 g Butter
1 EL Zucker
Etwas Zimt

1 Erdbeerknödel: Butter, Ei, Zucker, Vanillemark, Salz und Zitronenschale kräftig aufschlagen. Den Topfen in einem Tuch fest auspressen. Topfen und Mehl unter die Buttermasse kneten. Anschließend den Teig für etwa 1 Stunde kalt stellen.

2 Den gekühlten Topfenteig auf einer gut bemehlten Arbeitsfläche 0,5 cm dick ausrollen. In Quadrate von etwa 8 cm Seitenlänge schneiden. Je eine Erdbeere in einen Teigflecken wickeln, gut verschließen und Knödel formen.

3 Knödel in siedendem Salzwasser mit der Vanillestange und einem Stück Zitronenschale 10 bis 15 Minuten garen. Mit einem Schaumlöffel herausnehmen und auf einem Tuch abtropfen lassen.

4 Aprikosensoße: Aprikosen mit wenig Saft und einem Schuss Aprikosenlikör im Küchenmixer fein pürieren.

5 Für die Zuckerbrösel: Butter, Zucker und Brösel in einer Pfanne leicht rösten, eine Prise Zimt beigeben. Die Erdbeerknödel darin wenden und mit der Aprikosensoße anrichten.

Tipp

Falls der Topfenteig nicht fest genug ist, noch etwas Mehl zugeben.

Es geht auch umgekehrt: Machen Sie aus je einer ½ Aprikose die Knödel und aus den Erdbeeren die Soße. Dazu benötigt man allerdings mehr Topfenteig und mehr Erdbeeren.

„Bayerische-Creme-Busen" auf Beerenragout

Für die Bayerische Creme
4 Blatt Gelatine
250 ml heiße Milch
1 Vanillestange
3 Eigelb
50 g Zucker
250 ml geschlagene Sahne

Für das Beerenragout
300 g Beeren der Saison, alternativ
TK-Beeren
300 ml Rotwein
50 g Zucker
Ca. 1 TL Vanillepuddingpulver

Zur Vollendung
Einige Amarettini, Kirschen oder
Beeren

1 Vorbereiten Gelatine in kaltem Wasser einweichen, Mark der Vanilleschote auskratzen. Milch mit Vanillemark und ausgekratzter Vanilleschote aufkochen, Schote wieder entfernen.

2 Zubereiten: Eigelb und Zucker schaumig schlagen, Vanillemilch langsam in die Eiercreme einrühren. In heißem Wasserbad weiterrühren, bis das Ganze merklich dicker wird, Gelatine ausdrücken und in der Creme auflösen. Nun alles kalt rühren (am besten in Eiswasser). Sobald die Creme fest wird, also wenn die Gelatine beginnt ihre Wirkung zu zeigen, flott die geschlagene Sahne unterheben.

3 Einfüllen: Jetzt in die gewünschte Busenform füllen und mindestens 3 Stunden kalt stellen. Besser aber noch über Nacht, „wir wollen doch einen festen Busen haben!".

4 Beerenragout: Rotwein mit Zucker etwa auf die Hälfte einkochen, mit angerührtem Vanillepuddingpulver leicht binden, vom Feuer nehmen und die Beeren vorsichtig einrühren.

5 Bitte wählen Sie die gewünschte Körbchengröße selbst. Als Dirndlgröße empfiehlt sich eine bzw. zwei halbkugelförmige Schüsselchen, für Fans kleinerer Größen tun's auch passend gewölbte Tassen. Die Gefäße kurz vor dem Einfüllen mit kaltem Wasser auschwenken.

Tipp

Und so wird der Busen präsentiert. Formen kurz in heißes Wasser tauchen und behutsam „herausschälen", auf Beerenragout anrichten.
Vollendet wird der Busen mit zwei Amarettini als …
Wer's größer mag, nimmt Kirschen, für „kleiner" empfehlen sich Beeren. Die Bayerische Creme kann selbstverständlich auch in einem Glas angerichtet werden.

Hollerkücherl

Für den Teig
250 ml Milch
180 g Mehl
2 Eier
Salz

Für die Kücherl
8 Holunderblütenzweige, gewaschen
und gut abgetrocknet

Zum Ausbacken
Fett

Zum Bestreuen
80 g Zimtzucker
Puderzucker

1 Aus Milch, Mehl, Eiern und einer Prise Salz einen glatten, recht flüssigen Pfannkuchenteig herstellen.

2 Die Holunderblüten am Stiel anfassen, in den Teig tauchen, kurz abtropfen lassen und in heißem Fett (etwa 170 °C) ausbacken. Fett gut abtropfen lassen und mit Zimtzucker bestreuen und kräftig puderzuckern.

Tipp

Der Holunder blüht etwa Ende Mai bis Ende Juni. Die gebackenen Blüten haben einen leicht herben, unvergleichlichen Geschmack. „Eine süße Sünde vom Feinsten." Dazu passt Vanillesoße oder – wie auf dem Foto – Beerenkompott am besten.

Crêpes Suzettes (Orangenpfannkücherl)

Für den Crêpes-Teig
150 g Mehl
1 Prise Salz
50 g Zucker
20 g Vanillezucker
3 Eier
300 ml Milch
30 g Butter, flüssig

Zum Ausbacken
2 EL Butter

Für die Soße
150 g Zucker
50 ml Wasser
400 ml Orangensaft
1 EL frisch gepresster Zitronensaft
Abrieb einer Orange
Ca. 60 ml Grand Marnier oder
Cointreau
Ca. 80 g Butter

Für die Garnitur
Geröstete Mandeln, Minze,
Puderzucker
100 g Orangenfilets

Dazu
500 g Vanilleeis

1 Crêpes-Teig: Alle Zutaten mit dem Rührbesen zu einem glatten Teig verarbeiten. Teig mindestens 30 Minuten ruhen lassen. In einer, wenn vorhanden, beschichteten Pfanne mit wenig Butter dünne Crêpes ausbacken.

2 Soße herstellen: Zucker mit Wasser auflösen und langsam goldgelb karamellisieren. Mit zuvor erwärmtem Orangensaft nach und nach ablöschen, ggf. entstandene Zuckerklümpchen verkochen lassen. Orangenabrieb, Zitronensaft und Grand Marnier zugeben und die Soße um etwa $1/3$ einkochen. Zuletzt die Soße mit Butter binden, so dass eine leichte Sämigkeit entsteht.

3 Fertigstellen: Crêpes zweimal zusammenfalten und in der Soße einige Minuten ziehen lassen, so dass sie sich kräftig mit der Orangensoße vollsaugen können. Nach Wunsch mit Grand Marnier flambieren.

4 Anrichten: Crêpes mit reichlich Soße anrichten, garnieren mit Orangenfilets, gerösteten Mandelblättchen und frischer Minze, dazu reicht man Vanilleeis.

Tipp

Ein Klassiker der großen französisch-bayerischen Küche und eine Süßspeise vom Feinsten. Falls Ihnen Crêpes (bei dieser Mengenangabe möglich) übrig bleiben sollten, können Sie diese einfrieren, fürs „nächste Mal", denn dieses Gericht wird wieder verlangt werden!

Kastanien-Spaghetti mit Kirschsahne

300 g Kastanien (Maronen), geschält
300 ml Milch
500 ml Sahne
60 g Zucker
1 TL Vanillezucker
2 cl Kirschwasser oder -likör
Puderzucker und frische Minzeblättchen für die Garnitur

1 Die Kastanien in Milch und 250 ml Sahne unter Zusatz von Zucker in etwa 20 bis 25 Minuten weich kochen. Anschließend das Ganze in der Küchenmaschine fein pürieren, gegebenenfalls noch etwas Milch hinzufügen. Durch ein Sieb streichen.

2 Die restliche Sahne mit dem Vanillezucker und dem Kirschwasser halb steif schlagen. Das Kastanienpüree durch eine Presse drücken, so dass es die gewünschte Spaghettiform bekommt. Auf Kirschsahne servieren. Mit Puderzucker und Minzeblättchen garnieren.

Tipp

Falls Sie sich nicht die Mühe des Kastanienschälens machen wollen, es gibt auch gefrorene in bester Qualität. Die Lieblingssüßspeise meiner Frau – und die weiß, was gut ist. Sie mag dazu immer Baiser – ich aber nicht.

Das Foto zeigt das Gericht garniert mit einer gebackenen Kirsche und einer Marzipankastanie.

Erdbeer-Weißbier-Schmarrn

Für den Teig
80 ml Sahne
80 ml Milch
80 ml Weißbier
110 g Mehl
50 g Zucker
Mark einer halben Vanilleschote
1 Prise Salz
4 Eier, möglichst frisch

Zum Ausbacken
2 EL Butter

Für die Erdbeeren
250 g Erdbeeren
80 g Zucker
20 ml Grand Marnier
50 ml Weißbier

Dazu
1 EL Mandelblättchen, geröstet
Puderzucker

1 Teig: Milch, Sahne, Weißbier, Mehl, Zucker, Vanille und eine Prise Salz zu einem glatten Teig rühren. Eier einschlagen und nur ganz kurz unterrühren, sonst geht der Schmarrn nicht auf.

2 Erdbeeren: Erdbeeren waschen, putzen und etwas zerkleinern. Mit Zucker, Grand Marnier und Weißbier ca. 10 Minuten marinieren. Marinierte Erdbeeren auf ein Sieb geben, Flüssigkeit auffangen.

3 Schmarrn ausbacken: Die Hälfte der Butter in einer ausreichend großen Pfanne (sonst zwei verwenden) aufschäumen, den Teig etwa 1 cm hoch einfüllen. Schmarrn abgedeckt auf dem Herd (zeitig wenden) gar backen. Fertig gebackenen Schmarrn vierteilen (nicht zerreißen) und aus der Pfanne nehmen.

4 Fertigstellen: Marinade der Erdbeeren in der Pfanne einkochen, bis sie zu karamellisieren beginnt, Schmarrn zugeben und in der roten Glasur wenden, nun die marinierten Erdbeeren dazu (sie sollen nur warm werden) und erst jetzt den Schmarrn in nicht zu kleine Stücke reißen. Mit Mandeln und Puderzucker bestreuen und sofort servieren.

Tipp

Eier wirklich nur kurz in den Teig rühren, keinesfalls schlagen, so wenig wie möglich – aber doch so viel wie notwendig. So sparen Sie sich das „Schneeschlagen" und der Schmarrn wird wunderbar locker. Statt Erdbeeren können Sie auch Himbeeren verwenden, schmeckt fast noch besser – fast!?

Preiselbeereisparfait

1 Ei
4 Eidotter
80 g Zucker
Mark einer Vanilleschote
400 g Preiselbeerkompott aus
dem Glas oder selbst gemacht
(siehe Rezept Seite 167)
Saft von 1 Zitrone
2 Blatt Gelatine
300 ml geschlagene Sahne

1 Gelatine in kaltem Wasser 5 Minuten einweichen, danach fest ausdrücken. Ei, Eidotter, Zucker, Vanillemark und Zitronensaft über heißem Wasserbad aufschlagen. Sobald der Zucker aufgelöst und die Masse cremig erscheint, vom Feuer nehmen und die Gelatine zugeben.

2 Die Hälfte der Preiselbeeren mit dem Pürierstab pürieren und sie zusammen mit der andere Hälfte unter die Eimasse rühren. Masse jetzt kalt rühren, am besten über Eiswasser. Wenn die Masse beginnt fest zu werden, also wenn die Gelatine ihre Wirkung zeigt, etwa ein Drittel der geschlagenen Sahne flott unter die Masse rühren. Den Rest vorsichtig unterheben.

3 Parfaitmasse zügig in eine entsprechende mit Klarsichtfolie ausgelegte Form füllen, mit Klarsichtfolie abdecken. Für mindestens 4 Stunden, besser über Nacht, in den Gefrierschrank stellen. Das Parfait aus der Form stürzen, mit einem erwärmten Messer aufschneiden und mit etwas Preiselbeeren anrichten.

Mohnkuchen

100 g Butter
100 g Zucker
4 Eier, getrennt
1 Schuss Rum
30 g Mehl
30 g Semmelbrösel
150 g gemahlener Mohn
Butter für die Kuchenform
Puderzucker zum Bestäuben

1 Den Ofen auf 160 °C vorheizen. Die Butter mit der Hälfte vom Zucker schaumig schlagen. Die Eidotter sowie Rum, Mehl, Semmelbrösel und Mohn hinzufügen.

2 Das Eiweiß mit dem restlichen Zucker cremig schlagen und unter die Masse heben. Eine beliebige Kuchenform ausbuttern und mit Mehl ausklopfen. Den Kuchenteig einfüllen und im Ofen etwa 45 Minuten backen.

3 Den fertigen Kuchen herausnehmen und 10 Minuten ruhen lassen. Aus der Form stürzen und mit Puderzucker bestreuen.

Tipp

Das Preiselbeereisparfait und der Mohnkuchen müssen nicht zwingend zusammen, sie vertragen sich aber gut. Beide sind auch gute Solisten.

Mousse au chocolat, marmoriert

Für die Eigrundmasse
5 Eigelb
70 g Zucker
10 g Vanillezucker
1 Prise Salz

Für die dunkle Mousse
100 g Kuvertüre, dunkel

Für die weiße Mousse
80 g Kuvertüre, weiß
1 Blatt Gelatine
50 ml Sahne
400 g Sahne, geschlagen

1 Vorbereiten: Dunkle Kuvertüre im Wasserbad flüssig werden lassen. Weiße Kuvertüre ebenfalls auflösen. Gelatine in kaltem Wasser quellen lassen, fest ausdrücken und in 40 ml erwärmter Sahne auflösen. Sahne schlagen und gleichteilig in zwei Gefäßen bereithalten.

2 Eigrundmasse: Zucker, Vanillezucker, Eigelb mit einer Prise Salz sehr schaumig aufschlagen – fast weiß – auf zwei Schüsseln gleichteilig verteilen.

3 Weiße Mousse herstellen: Aufgelöste Gelatine in den einen Teil der Eigrundmasse flott einrühren. Weiße Kuvertüre dazugeben und rühren, bis die Masse beginnt zu glänzen. Ein Drittel des ersten Teils der Schlagsahne unterrühren, bis sich wieder Glanz einstellt. Restliche Sahne vorsichtig unterheben.

4 Dunkle Mousse: Dunkle Kuvertüre in den zweiten Teil der Eimasse geben und rühren, bis die Masse zu glänzen beginnt. Ein Drittel des zweiten Teils der geschlagenen Sahne unterheben, bis die Masse glänzt. Den restlichen Teil der Sahne vorsichtig unterheben.

5 Jeweils zwei Schichten dunkle und weiße Mousse abwechselnd in Gläser wie auf dem Foto oder in ein flaches Gefäß (wenn Sie Nockerl abstechen wollen) einfüllen. Die Mousse mindestens 4 Stunden, besser über Nacht, abgedeckt kalt stellen.

Tipp

Wichtig: Ei und Zucker wirklich ausreichend schlagen, damit sich der Zucker ganz auflöst. Kuvertüre langsam und geduldig schmelzen lassen. Die Mousse lässt sich auch prima einfrieren!

Mousse-au-chocolat-Versuchungen sollte man nicht widerstehen – wer weiß, wann sie wiederkommen.

Rucolaeisparfait mit Quarkpfannkücherl und Aprikosensoße

Für die Masse

2 Eier
2 Eigelb
150 g Zucker
Mark einer Vanilleschote
Ca. 15 ml Aprikosenschnaps
3 Blatt Gelatine
100 g Crème fraîche

Für das Aroma

120 g Rucola, junge, feine Qualität
100 ml Sahne
50 g geriebene Mandeln
Saft einer ½ Zitrone
Abrieb einer ungespritzten ½ Zitrone
250 g Schlagsahne

Für die Quarkpfannkuchen

100 g Mehl
1 TL Backpulver
80 g Quark
2 Eier
80 ml Milch
1 EL Zucker
Salz

Für die Aprikosensoße

6 frische Aprikosen (alternativ
aus der Konserve)
60 g Aprikosenmarmelade
200 ml Orangensaft
3 cl Aprikosenschnaps
60 g Butter

Für die Garnitur

Rucolafäden

1 Vorbereiten: Rucola waschen, grob zerkleinern und mit der flüssigen, ganz leicht erwärmten Sahne fein pürieren, anschließend fest durch ein feines Sieb drücken.

2 Rucolaeisparfait: Eier, Eigelb, Zucker und Vanille warm aufschlagen. Vom Feuer nehmen, Rucolapüree, Mandeln, Zitronensaft, Zitronenabrieb und Aprikosenschnaps unterrühren. Gelatine in kaltem Wasser einweichen, ausdrücken, in erwärmter Crème fraîche auflösen, flott unter die Masse rühren. Masse kalt rühren, am besten in Eiswasser.

3 Wenn die Masse beginnt fest zu werden, also wenn die Gelatine ihre Wirkung zeigt, flott etwa ein Drittel der Schlagsahne kräftig unterrühren, den Rest vorsichtig unterheben. Masse zügig in die gewünschte mit Klarsichtfolie ausgelegte Form füllen und mindestens 4 Stunden, besser noch über Nacht, frosten.

4 Quarkpfannkuchen: Mehl und Backpulver mischen. Quark, Eier, Milch und Zucker und eine Prise Salz glatt rühren. Quarkmasse mit der Mehlmischung verrühren. In einer großen Pfanne mit Butter einzelne kleine, luftige Pfannkuchen ausbacken.

5 Aprikosensoße: Aprikosen halbieren, entkernen und in Spalten schneiden. In etwas Butter leicht anbraten, Aprikosenmarmelade und -schnaps zugeben. Mit Orangensaft ablöschen und alles etwas einkochen, restliche Butter einschwenken.

6 Fertigstellen und anrichten: Rucolaeisparfait etwa 15 Minuten vor dem Verzehr aus der Form stürzen, in Scheiben schneiden und zusammen mit den Quarkpfannkuchen und der Aprikosensoße hübsch arrangieren. Mit frischer Minze garnieren.

Tipp

Ich sehe die Frage in Ihren Augen: Rucolaeisparfait? Probieren Sie's, der raffinierte nussig-männliche Geschmack wird Sie begeistern.

Schokoladenhupferl mit Aprikosen-Schokoladen-Soße

Für die Schokoladenmasse

150 g Bitterkuvertüre
100 g Butter
100 g Zucker
3 Eier
1 Prise Salz
180 g gemahlene Mandeln

Für die Form

Butter und Semmelbrösel

Für die Schokoladensoße

300 ml Sahne oder Milch
1/2 Vanillestange
10 g Kakaopulver
150 g Bitterschokolade, 60 bis 70 %
Kakaoanteil

Für das Aroma

Ca. 1/2 TL Aprikosenaroma
Ca. 2 cl Aprikosenschnaps

1 Schokoladenhupferl: Eier trennen, Kuvertüre schmelzen. Butter, Eigelb und die Hälfte Zucker sehr schaumig rühren. Eiweiß mit restlichem Zucker und einer Prise Salz steifschlagen.

2 Kuvertüre in die Butter-Zucker-Eigelbmasse rühren. Eischnee und Mandeln unterheben. Kleine Förmchen mit weicher (nicht flüssiger) Butter ausstreichen und mit Semmelbröseln „ausklopfen", Schokoladenmasse einen Fingerbreit unterm Rand einfüllen.

3 Im auf 170 °C vorgeheizten Backofen 25 Minuten backen. Nach dem Backen kurz ruhen lassen und vorsichtig aus der Form lösen.

4 Aprikosen-Schokoladen-Soße: Sahne bzw. Milch mit Vanilleschote und Kakaopulver aufkochen, Vanillestange entfernen. Vom Feuer nehmen und die zerkleinerte Schokolade darin schmelzen. Mit Aprikosenaroma und -schnaps abrunden.

Tipp

Sie können die Schokoladensoße auch anders aromatisieren oder auch ganz „ohne" genießen. Natürlich wird sie mit Milch zubereitet leichter, aber auch, na, Sie wissen schon.

Käsekuchen

Für den Mürbteigboden
100 g Butter
50 g Puderzucker
150 g Mehl
Prise Salz
Prise Zimt
Abrieb einer ungespritzten
1/2 Zitronenschale

Für die Käsekuchenmasse
4 Eier
75 g Cremepulver
10 g Milch
175 g Zucker
750 g Quark
Salz
Mark einer Vanillestange
Schale einer ungespritzten 1/2 Zitrone
400 g Sahne, geschlagen

Für die Mandelkruste
45 g Butter
45 g Zucker
45 g Sahne
20 g Honig
Ca. 80 g Mandeln, gehobelt

1 Mürbteigboden: Zimmerwarme Butter und Puderzucker mit Salz, Zimt und Zitronenabrieb zügig glatt kneten. Buttermasse mit Mehl zu einem Mürbteig verarbeiten. Sollte der Teig zu weich sein, kurz im Kühlschrank anziehen lassen.

2 Vom Mürbteig ca. 50 g zurückbehalten, restlichen Teig gleichmäßig zu einem Boden ausrollen. Mürbteigboden „löchern" (damit der Dampf beim Backen entweichen kann und der Boden glatt bleibt).

3 Im vorgeheizten Ofen bei 190 °C hell vorbacken. Einen Kuchenring auf den erkalteten Boden stellen und mit dem restlichen Mürbteig den Rand abdichten.

4 Käsemasse: Für die Käsekuchenmasse alle Zutaten bis auf die geschlagene Sahne glatt rühren. Die Sahne nicht sehr steif schlagen und vorsichtig unter die Quarkmasse heben. Die fertige Masse in den vorbereiteten Ring füllen und glatt streichen.

5 Backen: Im vorgeheizten Ofen bei 170 °C ca. 20 Minuten backen. Den Kuchen vorsichtig aus dem Ofen nehmen und „sinken" lassen. Danach bei 170 °C ca. 10 Minuten backen, wieder aus dem Ofen nehmen und wieder „sinken" lassen. Nach dem dreimaligen Backen sollte der Kuchen fertig sein. Jetzt aus dem Ofen nehmen und mindestens 30 Minuten auskühlen lassen.

6 Mandelkruste: Für die Mandelkruste Butter, Zucker, Honig und flüssige Sahne einmal aufkochen. Die Masse soll leicht karamellisieren. Anschließend die gehobelten Mandeln untermischen und die Masse auf dem abgekühlten Kuchen gleichmäßig und glatt verstreichen. Den Kuchen jetzt bei 220 °C Oberhitze schön goldbraun krusten. Das dauert etwa 8 bis 10 Minuten.

Tipp

Am besten schmeckt der Kuchen lauwarm! Wichtig: Mit einem scharfen Sägemesser vorsichtig schneiden. Ich möchte Sie wirklich bitten, dieses Rezept nur Ihren allerbesten Freunden weiterzureichen.

Alphabetisches Register

© 2011 Rosenheimer Verlagshaus GmbH & Co. KG, Rosenheim
www.rosenheimer.com

Umschlagfotos: Fotoweitblick – Raphael Lichius, Bad Aibling
Fotografie: Studio L'Eveque, München; Fotoweitblick – Raphael Lichius, Bad Aibling
Foodstyling: Hinni Gruben, Sebastian Günther, Benedikt Ott, München
Bildbearbeitung: Fotoweitblick – Raphael Lichius, Bad Aibling
Layout und Satz: Stefan Felder | Design, Konzeption & Text, Rosenheim
Druck und Bindung: Stürtz GmbH, Würzburg
Printed in Germany

ISBN 978-3-475-54087-5